| 신동진의 촌스러운 공정귀촌 이야기 |

살맛나는 군~ 가평

| 신동진의 촌스러운 공정귀촌 이야기 |

살맛나는 군~ 가평

초판 1쇄 인쇄 2026년 2월 1일
초판 1쇄 발행 2026년 2월 7일

지은이 신동진
펴낸곳 굿모닝미디어
펴낸이 이병훈
출판등록 1999년 9월 1일 등록번호 제10-1819호

주소 서울시 마포구 동교로50길 8, 201호
전화 02) 3141-8609
팩스 02) 6442-6185
전자우편 goodmanpb@naver.com

ISBN 978-89-89874-61-4 03340

• 책값은 뒤표지에 있습니다.
• 잘못된 책은 구입하신 서점에서 바꾸어 드립니다.

| 신동진의 촌스러운 공정귀촌 이야기 |

살맛나는 군~ 가평

내 지갑 채워주는 **진짜경제**
동진이가 한다

신동진 지음

굿모닝미디어

추천사

김육의 대동법을 닮은 신동진의 '촌(村)스러운' 지방자치 혁명을 응원하며

나는 신동진을 좀 안다. 그는 내가 아는 사람 중에서도 도시적이고 세련된 감수성을 지닌 사람이다. 서울 명동과 광화문이 그의 놀이터였고 다큐멘터리 감독으로 진실을 포착하던 날카로운 렌즈를 가진 사람이었다. 그런 그가 어느 날 건강문제가 생겼다며 훌쩍 가평으로 떠났다. 몇 해 안에 돌아올 줄 알았다. 하지만 그는 13년이 지난 지금, 누구보다 깊게 가평의 흙에 뿌리를 박고 서 있다.

이 책 ≪살맛나는 군~ 가평≫은 단순한 출마 선언문이나 정책 자료집이 아니다. 이것은 한 인간이 자신의 세련된 도시성과 실천지성을 무기로 삼아 소멸해가는 촌(村)을 어떻게 '살맛나는 미래'로 바꿔낼 것인가에 대한 치열한 탐구와 실험, 분투의 생생한 기록이자 웅장한 청사진이다.

'공정귀촌(公正歸村)', 그가 던진 새로운 화두

많은 이들이 귀촌을 전원생활이나 휴식처로 여길 때, 신동진은 '공정귀촌'이라는 낯설고도 혁신적인 화두를 던졌다. 그는 서울에서 나고 자라며 자신이 누린 모든 풍요가 실은 촌의 인력과 자원을 빨아들인 결과임을 뼈저리게 자각했다. 그래서 그는 남은 생을 빚 갚는 마음으로 살기로 작정한 듯하다. 중앙으로 쏠린 자원과 권력을 다시 지역으로, 촌으로 되돌려주는 삶, 그것이 그가 말하는 공정이다.

그의 '공정귀촌'은 책상물림의 이론이 아니다. 그는 지난 13년 동안 가평의 들판에서 몸으로 이 단어를 증명해 냈다. 농사를 짓고, 글을 쓰고, 끊임없이 사람을 모았다. 〈가평마을교육공동체〉, 〈가평귀촌귀농학교〉, 〈가평아람마을사회적협동조합〉 등 그가 만들고 참여한 수많은 단체의 목록은 그가 얼마나 치열하게 사람과 마을을 엮어왔는지를 보여주는 증거다. 그는 단순히 촌에 사는 사람이 아니라, 촌을 조직하고 경영해 온 마을 혁신 CEO이자 컨설턴트, 활동가였다.

대체 불가능한 실천가, 잠곡 김육을 소환하다

나는 감히 단언한다. 지금 가평에서, 아니 대한민국 지역사회에서 신동진만큼 구체적이고 입체적인 실천을 해온 활동가는 드물다. 그는 다큐멘터리 감독의 눈으로 마을의 문제를 발견하고, 기자의 집요함으로 대안을 탐구하며, 농부의 끈기로 해결책을 경작해 왔다.

특히 그가 가평 땅에 잠들어 있던 대동법의 주창자 김육 선생을 호명해 낸 것은 상징적이다. 조선시대, 피폐해진 민생을 살리기 위해 혁명적인 조세개혁을 단행했던 김육처럼 신동진은 기후위기와 지역소멸이라는 재앙 앞에서 '사회적경제'와 '마을공동체'라는 현대판 대동법을 설파하고 있다. 과거의 역사를 오늘의 비전으로 되살려내는 그의 통찰력은 그가 왜 지금 가평에 필요한 인물인지를 여실히 보여준다.

상선약수, 낮은 곳으로 흐르며 세상을 바꾸는 힘

그의 좌우명은 '상선약수'라고 한다. 최고의 선은 물과 같다는 뜻이다. 지난 13년, 신동진은 가평의 가장 낮은 곳으로 흘러들었다. 흙탕물도 마다하지 않고 받아 안으며 썩어가는 곳에는 산소를 공급하고 메마른 곳에는 생기를 불어넣었다. 물처럼 유연하게 마을 사람들과 어우러졌지만 불합리한 관행과 중앙집권의 폐해 앞에서는 물러서지 않고 맞서 왔다.

이제 그가 지표 위로 솟구쳐 오르려 한다. 그는 들어가는 글에서 지난여름 가평을 덮친 수해와 산사태를 목격하며 지역정치가 더 이상 지금의 모습을 해서는 안 된다는 '격정'을 느꼈노라고 고백한다. 기후재앙과 인구소멸의 위기 앞에서 그는 이제 마을활동가를 넘어 가평이라는 거대한 배를 이끌고 '살맛나는 대동세상'의 바다로 나아가려 한다.

'촌스러움'이 곧 미래다

이 책을 읽는 독자들은 발견하게 될 것이다. 신동진이 말하는 '촌스러움'이 결코 낙후된 것이 아님을. 오히려 가장 인간답고, 가장 생태적이며, 가장 미래지향적인 가치임을 말이다. 그의 머리는 세계와 중앙의 흐름을 읽는 냉철한 이성으로 가득 차 있지만 그의 발은 언제나 가평의 땅을 딛고 있다. 이토록 완벽하게 글로벌한 시각과 로컬의 실천이 결합된 사람을 나는 본 적이 없다. 아무도 그가 걸어온 길을 대신할 수 없고, 앞으로 그가 걸어갈 길 또한 그만이 갈 수 있는 길이다.

이제 신동진이라는 이름은 가평의 새로운 고유명사와 희망의 압축기가 될 것이다. 서울이 잃어버린 사람의 냄새를 되찾고 싶은가? 그렇다면 이 책을 펼쳐라. 그리고 신동진의 손을 잡아라. 그의 비전과 추진력에 투자하라. 가평군을 지방소멸시대의 새로운 지방자치의 희망진지로 만들어낼 가슴 뛰는 여정에 기꺼이 동참해 달라.

신동진은 풀뿌리자치와 사회적경제의 힘으로 가장 글로컬한 지방자치 혁명을 실천할 준비된 리더다. 평범한 지역주민들의 뜻을 받들고 일깨우고 키우며 글로컬한 힘을 두루 모아 지치지 않고 해나갈 것이다. 서로 돕고 우애를 북돋으며 생태를 지키고 지갑도 두둑하게 만들어놓을 것이다. 신동진의 '촌스러운' 풀뿌리 자치혁명은 가평군의 희망이자 대한민국의 나침판이다.

곽노현(전 서울시 교육감)

추천사

우리마을에 꼭 필요한 사람

일제 강점기 1935년 심훈이 지은 소설 '상록수'에 등장하는 남녀 주인공은 자신들의 피폐해진 농촌을 위해 애쓰며 사랑을 키워나갑니다.

필자가 사는 가평 하색리 진양마을에는 90년의 간극을 메워주고 있는 박동혁과 채영신의 현신(現身) 신동진과 채선미가 있습니다. 신동진을 처음 만난 것은 10년 전 2015년 봄으로 기억합니다. 그리고 5년 후부터 우리는 운명처럼 같은 동네에서 살고 있습니다. 그해 추석날 탁주 한 사발 걸치며 형님 아우 하기로 했습니다.

동진은 중종대왕 태실이 보이는 개울 옆 채마밭을 아내 채선미와 함께 일구며 살고 있습니다. 아내는 토종씨앗을 뿌리며 우리의 것을 지켜내고 있습니다. 동진과 내가 먼저 맞닥뜨린 것은 제2경춘국도 노선 문제였습니다.

향토유적 태실의 혈을 끊고 마을을 두동강 내는 이 국책사업은 도대체 누굴 위한 것인지 지금도 이해가 안 됩니다. 가평고등학교 운동장을 관통하는 이 노선을 저지하기 위한 동진의 논리정연한 반론 논거와 언변은 가히 일품이었습니다.

그러나 배운 거 잘난 체하려고 저 짓 한다며 사람들은 빈정거렸습니다. 때리는 시어머니보다 말리는 시누이가 더 밉다는 우리네 속담이 가슴을 헤집고 다닙니다.

제2경춘국도가 미완의 숙제로 남겨진 채로 우리는 500여 년 전 가평의 모태인 중종대왕 태봉(胎封)에 관하여 입을 열었습니다. 고향인 필자조차 엄두도 못 냈던 태봉 문화제를 기획한 그의 열정 앞에 고마웠지만 부끄러웠습니다.

22년 가을 필자의 모교인 상색초 운동장에 〈중종대왕 태 안위제 中宗大王 胎 安慰祭〉 만장기가 걸리고 마을 사람들이 모였습니다. 지역 정치인들의 영혼 없는 수사가 난무했지만, 가장 의미 있는 것은 자라나는 어린 새싹들에게 작은 태 항아리에 토종씨앗과 소망을 적어 넣어 생명의 존귀함을 일깨워 주는 순서였습니다. 숙연하기까지 했습니다.

왕위에 오른 진성대군의 태를 안장함으로써 현(縣)에서 군(郡)으로 승격되었다는 역사적 사실을 가평군민은 과연 얼마나 알고 있을까? 그동안 지자체와 문화원은 무엇을 하고 있었을까?

가평군 향토 문화재인 태실에서 오백 년 만에 제를 올릴 때 비로소 중종의 용안을 뵐 수 있는 용기가 생겼습니다. 태봉 문화제를 마치고 동진은 '공정귀촌'의 화두를 던졌습니다. 지역 언론에 기고된 그의 칼럼은 도시와 농촌이 함께 어우러져 사는 문제인식에서 출발하고 있습니다. 지상에 흩뿌려지는 영혼 없는 미사여구가 아닌 정말 내 고장, 내 마을에서 우리 공동체를 살려내려는 절규입니다. 그 하나의 사례가 꿈꾸재(齋)입니다.

상색리 마을에 옛날 정미소가 있는데 신현욱 이장님의 도움으로 <지붕 없는 박물관>으로 정비하면서 동네 마을 사람들의 소박한 꿈을 이야기할 수 있는 공간으로 탈바꿈하게 된 것입니다. 그렇지만 여기서도 이를 시기하고 폄훼하고 심지어 훼방까지 하는 심술사나운 사람들도 있습니다. 그때 동진이 프랭크 시나트라의 <마이웨이 My Way>로 답했습니다. 꿈꾸재를 지키겠다는 울림에 고마움을 넘어 목울대를 몇 번 삼켰습니다.

다시 상록수 이야기로 돌아가겠습니다. 신영균 최은희가 주연한 흑백영화 <상록수>는 '62년 여름 상색초등 운동장에 흰 천막을 두른 가설극장에서 여덟 살 필자의 눈물샘을 자극했습니다. 나도 저런 멋있는 사람이 되겠다던 참으로 어린이다운 생각에 피식 웃음이 납니다. 그런데 칠십이 넘은 지금 내 눈앞에는 박동혁 같은, 채영신 같은 멋 있는 후배가 서 있습니다.

그간 지역 언론에 기고했던 자신의 글과 삶에 관한 생각을 정리하여 산문집으로 엮는다고 했을 때 필자는 주저 없이 추천사가 아닌 고마운 답가를 쓰겠다고 자청했습니다.

왜냐하면 우리 마을에는 꼭 이 사람이 필요하기 때문입니다. 여기서 중요한 것은 '꼭' 이란 부사를 붙여야 합니다. 그리고 중종대왕 태봉을 향하여 미신과도 같은 주문을 아침마다 외웁니다.

"동진이가 지키고자 하는 공동체 삶에 힘을 주시옵소서"

2025. 12. 10.

가평 하색리 양태봉 진양마을에 신동진과 함께 사는

정용칠(가평문화원장) 씀

차례

4부 촌스러운 진짜경제

5부 촌스러운 가평과 대한민국

6부 살맛나는 대동세상의 꿈

대동의 강물 같은 생명의 정치를 꿈꾸다

나의 인생 좌우명은 '상선약수(上善若水)'다. 아시다시피 노자의 ≪도덕경≫에 나오는 사자성어인데 '가장 최고의 선(善)은 물과 같다'는 뜻이다.

물처럼 상황에 따라 모양이 변하는 유연하고 겸손한 태도, 자연의 순리에 따르며 억지로 무언가를 하지 않는 무위(無爲)의 삶, 그렇지만 작은 물방울이 시냇물이 되고, 천(川)이 되고, 강이 되고, 결국 드넓은 바다가 되어 만물을 풍요롭게 만드는 삶, 나는 그런 삶을 살고 싶다.

2012년 여름 가평군으로 귀촌한 이후 2024년까지 12년 동안 가평군 밖으로의 관심을 끊고 가평군 안의 일에 매진했다. 가평 외의 일에 신경 쓸 여력이 없어서였기도 하지만, 서울 중심인 나라를 삶 터 중심의 나라로 바꾸고 싶었기 때문이다.

대한민국 권력이 중앙이 아니라 지역으로, 헌법 1조 2항이 규정한 대한민국 유일한 권력자인 국민 중에서 그동안 소외됐던 서울 외 지역에 살고 있는, 특히 촌에 사는 국민들과 더 가까이 한마음이 되어 지내고 싶은 마음에서 비롯된 실천이었다.

이런 삶을 '공정(公正)귀촌'이라고 이름 붙여 보았다. 마을 '촌(村)'자는 '나무(木)'와 '손가락 마디(寸)'가 합쳐져서 만들어진 한자로, 나무를 손으로 가꾸며 숲과 사람이 어우러진 곳을 뜻한다.

즉 생태적 삶을 살 수 있는 공간이 바로 '촌'이다. 그 촌에 사는 전국 촌민들의 생명력은 동학혁명 때, 의병 전쟁 때, 3.1혁명 때 살신성인하며 민주공화국 대한민국을 세워냈다.

식민과 전쟁의 폐허 위에서 대한민국이 도시화, 산업화를 추진해 '한강의 기적'을 만들어 낼 때 든든하게 그 주춧돌 역할을 해준 것도 촌민이었다. 인력과 자원의 저수지 역할을 해준 것이 바로 촌이었던 것이다.

그리고 대한민국 촌의 인력과 돈, 각종 자원이 서울로, 중앙 권력으로 빨려 들어갔고 그 와중에 나도 모르게 서울에서 나고 자란 내가 누린 것이 많구나, 반대로 촌은 잃은 것이 많구나 라는 것을 깨달았다.

서울의 인력과 돈과 각종 자원을 이제 촌이 돌려받을 수 있는 삶을 살겠다는 다짐과 함께 이러한 귀촌이 많이 늘어나길 바라는 희망을 담아 만든 말이 '공정귀촌'이다. '공정귀촌'이야말로 지역소멸과 기후재앙 위기를 극복하고, AI시대에 인간다움의 실종 위기를 막을 수 있는 중요한 삶의 방식이라고 생각한다.

가평에 살면서 법과 정치와 행정이 대한민국의 위기에 제대로 대응을 못하고 있다는 것을 절실히 느꼈다. 중앙에서 문제의식을 갖고 만든 해법이 촌에서는 겉돌 수밖에 없고, 촌의 정치와 행정은 중앙에 예속돼 제 역할을 하지 못하고 있다.

특히 작게나마 농사를 지으면서 느끼게 된 기후와 식량 위기 문제는 지금의 대한민국 시스템으로는 제대로 대응할 수 없는 상황일 뿐만 아니라, 위험하게 느껴질 정도로 심각하다. 1995년 지방자치를 시작한 이래 지난 30년 동안 농산어촌의 소멸이 더 심각해졌다는 사실이 그 증거다.

그래서 가평군의 풀뿌리 마을활동가로서 중앙의 변화를 위한 실천을 해야겠다고 생각했을 즈음, 쿠데타가 일어났다. 쿠데타와 그 이후 과정에서 우리 사회에 깊이 자리 잡고 있는 썩은 엘리트들의 모습은 보기 민망할 정도였다. '저런 사람들에게 나라를 맡기고 있었다니…' 등골이 송연해지지 않을 수 없었다.

이처럼 위태로웠던 나라를 지켜낸 것은 민초들이었다. 추운 겨울 아스팔트 위에서 밤을 지새우며 민초들은 내란 세력을 물리치고 국민주권정부를 세우는 역사를 만들어 냈다.

그러나 2025년 12월 중순인 지금, 윤석열이 쿠데타를 일으킨 지 1년이 지났지만, 내란 관련 재판 중 그 어떤 재판도 아직 1심 판결이 내려지지 않고 있다. 이 사실만 봐도 우리 사회 권력층에 얼마나 반헌법적인 사고와 문화가 뿌리 깊게 똬리를 틀고 있는지 알 수 있다.

국민주권시대를 표방하는 이재명 대통령은 후보 시절 국민이 직접 헌법을 바꿀 수 있는 국민발안 개헌을 얘기했었다. 그러나 지금 국민주권정부 123대 국정과제 중 제일 첫 번째 과제인 '개헌'의 내용에 '국민발안 개헌'은 빠져있다. 이것은 지금 헌정 체제가 만들고 있는 기득권의 힘이 여전히 작용하고 있기 때문이다.

지금 우리 헌법이 소수 엘리트 지배 대의제, 과잉 중앙집권, 승자독식 다수제의 기득권 중심 세상을 만드는 든든한 버팀목이 되고 있다는 사실은 널리 알려져 있다. 그러나 이러한 헌법을 국민이 직접 바꿀 수 없으니, 공공 의식이라고는 찾아볼 수 없는 자들이 버젓이 정부 최고위직에 오르거나 최고위 선출직에 당선되고 있다.

국민들은 총선 때마다 50%가 넘는 새로운 사람들을 국회에 보낸다. 그러나 거대 양당은 소수의 목소리를 국회에 담기 위해 개정이 필요한 정당법, 선거법, 지방자치법, 정치자금법 등 정치 관련법을 바꾸지 않고 있다. 오히려 강성 지지층과 SNS를 중심으로 한 팬덤 정치로 정쟁은 격화되고, 그 정쟁의 블랙홀은 내가 사는 우리 마을의 문제, 내 삶의 문제들을 모두 삼켜버리고 부익부 빈익빈, 지역소멸, 기후위기는 더욱 심화될 뿐이다.

국민발안제 개헌을 위해 운동을 하고, 경기북북특별자치도 범도민 추진위의 공동의장으로서 진정한 주민자치를 위해 아무리 노력해도 변화의 가능성은 희박해 보였다. '이 장벽을 넘기 위해서는 직접 정치를 할 수밖에 없겠구나' 하는 생각이 들었다. 돌과 마주치면 그 돌을 돌아가려던 물이 이제 그 돌을 밀어제치며 가는 물이 된 것이다.

이즈음 가평군에 진짜 물난리가 났다. 어떤 수재민은 개천물이 서서 가는 것을 봤다 하고, 어떤 집은 산사태로 15대째 살던 집이 쓸려 내려갔다. 난개발은 커녕 나지막한 뒷산에 손을 댄 것도 아닌데, 근 500년을 평안히 자리 잡고 삶을 영위했던 집이 재앙을 만난 것이다.

이제 언제 어디서 누가 어떤 재앙을 만나도 하나도 이상해할 것이 없는 세상을 살고 있음을 뼈저리게 느꼈다. 이런 세상을 만들어 놓는 데 일조를 한 기성세대로서 아이들에게 미안하고 부끄러웠다.

내 마음속에 격랑이 일었다. 마침, 나와 같이 대의민주주의의 한계와 중앙집권 폐해에 대한 문제의식을 갖고 있는 분들이 당을 만들자고 했다. 바로 <직접민주지역자치당(약칭 지역자치당)>이다. 지금 이 당을 창당 중이다.

이 당의 경기도당 창당을 위해 1,000명의 당원을 모집해야 했다. 지역자치당 경기도당 창당준비위원회의 공동대표로서 당원 모집을 하려다 보니, 나는 주권자의 두 가지 질문에 답해야 했다. '내년 지방선거에 출마하는 지역자치당 후보는 누구입니까? 그 후보의 정책은 뭡니까?'

이 두 가지 질문에 대한 답을 고민했다. 그 고민의 답이 나의 가평군수 출마였으며, 나의 가평군 공약들이다. 내 삶의 좌우명인 '상선약수'가 이제 최고의 선을 행하는 바다로 나를 들어서게 한 것 같다. 세상의 모든 흙탕물도 받아 안고 다시 세상을 순환시키는 에너지로 만드는 바다. 그 생명의 바다에 내가 운명적으로 들어선 것이다.

이 책은 2022년 11월부터 〈시민언론 민들레〉에 〈공정귀촌〉이라는 이름으로, 2023년 2월부터 〈경기신문〉에 〈신동진의 촌스러운 이야기〉라는 이름으로 각각 기고했던 칼럼 중에서 고른 글들과 잠곡 김육 선생 관련 NGN뉴스에 연속 기고했던 글들을 재구성해 엮은 책이다.

이 글들을 통해 내가 어떤 개울을 지나, 개천을 지나, 강을 지나, 바다로 들어서게 됐는지를 독자들께서 알게 되길 기대한다. 그리고 개울에서, 개천에서, 강에서, 바다에서 만날 수 있기를 원한다. 나아가 다함께 힘을 모아 최고의 선이 이루어지기를 간절히 바란다.

2025년 12월

신동진

신동진의 촌(村)스러움은

무지, 교양 없음, 시대에 뒤떨어짐이 아니다.

생태 감수성, 공동체성, 소통능력, 헌신성 등

새로운 촌스러움의 의미를 담고 있다.

신동진이 걸어온 길

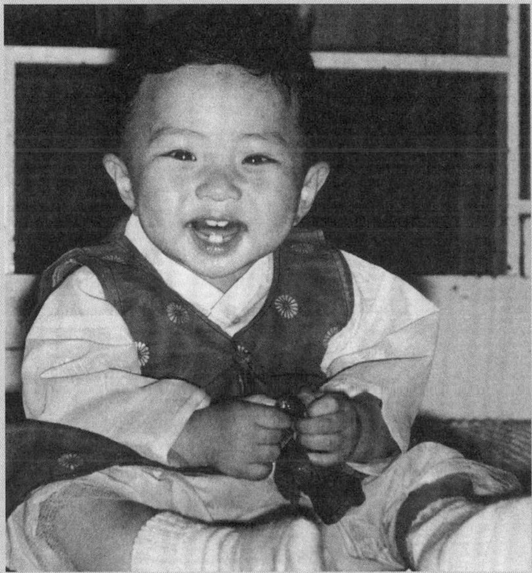

내 안의 복류수(伏流水), 가평의 지표수로 흐르다

이 책 출간을 위해 가평군으로 귀촌하기 전, 서울에서의 내 삶을 소개하는 글을 써달라는 주문을 받고 '복류수'라는 단어가 떠올랐다. '복류수(伏流水, Underflow)'란, 주로 빗물이 땅속으로 스며들어 형성된 지하수로, 하천 바닥 아래에 있는 모래와 자갈층 등을 통해 흐르는 물이다. 이 하천 바닥의 복류수는 하천의 수질을 깨끗하게 유지하고 생물 서식처를 제공하는 물이기도 하다.

나도 모르게 내 안에서 흐르던 복류수가 가평군에 와서 살면서 물이 좋은 흙과 자갈을 만나 지표 위의 맑은 물로 흘러나와 따뜻한 햇볕을 받으며 찬란한 생명의 빛을 반사하는 강물이 된 것 같다는 느낌을 받는다.

가평군에 와서 살게 된 이유는 매우 단순했다. 서울과 화천의 중간 지점. 지도를 보고 딱 찍은 곳이었다. 서울은 다니던 직장이 있는 곳이고, 화천은 땅을 사고 집을 지어서 귀촌하고자 하는 곳이었다. 그리고 양쪽으로 각각 한 시간 거리에 있는 곳이 가평군이었다.

이렇게 우연히 시작하게 된 가평에서의 삶이 어느덧 13년이 흘러 가평군수 출마를 앞두고 책을 쓰는 상황까지 오게 되었다. 가평군에서의 삶이 산천과 어울린 지표수의 물이라면, 40여 년 동안 서울에서의 삶은 그 지표수를 만든 복류수라고 생각한다.

그래서 이 글을 쓰는 일은 서울의 하늘, 땅, 감사한 분들이 함께 만들어준 내 안의 복류수를 내 기억 속에서 길어 올리는 일과 같았다.

결핍이 선물해 준 '문화적 감수성'

1966년 병오년, 나는 서울에서 3남 1녀의 막내로 태어났다. 후암동과 종암동. 부촌이었던 후암동과 가세가 기울어 이사 간 종암동의 기억은 크게 다르지만, 후암동은 남산 자락, 종암동은 개운산 자락에 있었고 난 산을 뛰어놀며 지냈다.

그 어릴 적 경험이 산천에서의 삶을 계속 동경하게 한 것인지도 모르겠다. 종암동 동네 우물에서 빨래하던 어머님들, 귀신이라도 숨어 있을 것 같은 깊은 우물 속 모습이 지금도 기억에 선하다.

어머니는 두 형과 누나와 달리 나를 유치원에 보내지 못한 것을 늘 미안해하셨지만, 나는 개의치 않았다. 부모님은 굳이 나를 형과 누나가 다녔던 남산의 유명 사립 초등학교에 보내셨고, 나는 종암동에서 회현동까지 긴 거리를 버스로 통학해야 했다. 다른 친구들이 부모님의 승용차나 학교 버스를 탈 때, 나는 일반 버스를 탔고, 버스정류장에서 학교까지 짧지 않은 거리를 걸어야 했다.

하지만 그 덕에 난 서울 최고의 번화가를 마치 내 놀이터인양 돌아다닐 수 있었다. 방과 후 학원을 가거나 과외를 받을 형편도 아니었고,

굳이 빨리 집에 와야 할 이유도 없었기에 명동, 충무로, 을지로 일대를 쏘다녔다.

명동성당의 장엄한 내부를 보며 미적 충격을 받았고, 극장가의 영화 간판과 사진들을 보며 상상의 나래를 펼치기도 했다. 대한, 중앙, 스카라, 명보, 세기, 국도 극장을 지나 조금 더 가면 서울, 피카디리, 단성사 극장까지, 지금은 거의 사라진 극장에 들러서 영화 홍보 카드를 수집하며 극장 누나들에게 귀여움을 떨었다.

그때 모았던 카드가 책상 서랍 가득 있었는데 중학교 올라가면서 '이제는 중학생 됐으니 이런 것 갖고 안 논다'고 하면서 다 버린 것이 지금도 두고두고 후회스럽다. 여하튼 1970년대 유행의 첨단 거리였던 그곳에서 나의 문화적 감수성은 나도 모르게 키워졌을 것이다.

중학교 근처에 있던 서소문과 광화문도 나의 감성을 키워준 곳이었다. 덕수궁 돌담길과 정동 길, 광화문의 레코드 가게와 음악 DJ가 있는 분식집들, 그리고 그곳에 있던 많은 여학교 학생들과 가슴 설레는 시간을 보내며 질풍노도의 시간을 낭만적으로 보낼 수 있었다.

두 가지 결심

첫 번째 결심은 대여섯 살 무렵이었다, 후암동 이웃집에 놀러 갔을 때 호기심으로 훔친 50원짜리 지폐 한 장. 이 서투른 도둑질을 숨기기 위해 거짓말을 하게 되고 또 다른 거짓말을 지어내고, 그 거짓말들을 틀리지 않게 기억해야 한다는 게 참 힘들다는 걸 깨달았다.

거짓말하며 살기에는 기억력도 나쁘고 성격도 모질지 못하다는 사실을 일찌감치 깨달았다. '난 거짓말하면 들통이 날 사람이다. 그러니 거짓말하며 살지 말자!' 그때 한 결심이다. 나이가 들며 이른바 선의의 거짓말을 하기도 했지만, 그래도 비교적 잘 지켜온 결심이다.

두 번째 결심은 중학교에 입학을 하고 난 다음에 하게 되었는데, 폭력과 욕설의 굴레를 벗어던진 것이다. 초등학교 시절 나는 태권도 실력을 믿고 이웃 학교 학생들과 패싸움을 벌인 적이 더러 있었다. 기선제압하기 위해서는 욕도 해야 했는데 그런 내가 보기 싫었다. 그리고 승리 뒤에 찾아오는 보복의 두려움과 불안감은 더 싫었다.

그런데 같은 반의 한 친구는 늘 온화하고 다정한 성격이라 싸울 일도 없고, 적도 없었다. 늘 그 친구가 부러웠는데 중학교 진학을 계기로 주먹질과 욕설을 그만하기로 마음먹은 것이다. '부드러움이 강함을 이긴다'는 멋진 말은 나중에 어른이 되고 난 다음 알게 된 말이지만, 여하튼 싸우지 않고 편안히 사는 삶을 선택하게 되었다.

추억 만들기가 즐거웠던 고등학교 시절

중학교는 초등학교 근처로 배정받았지만, 고등학교는 내가 살던 집 근처로 배정을 받았다. 그러다 보니 초등학교, 중학교 친구들이 한 명도 없는 고등학교에 입학하게 되었다. 멀리 있는 중학교에 다니느라 동네 친구마저 없었던 터라 나를 아는 사람이 한 명도 없는 고등학교에서 의도치 않은 시간을 마주하게 됐다. 혼자 있을 시간도 많았고, 자유로운 선택이 가능하기도 했다.

나는 '나이 들어 햇살이 잘 드는 흔들의자에 앉아 차 한 잔 마시며 과거를 회상할 때 아주 유쾌하게 학창시절을 추억할 수 있는 시간' 을 보내고 싶어졌다. 불법행위나 남에게 피해를 주는 행위가 아니라면, 이것저것 다 해보고 싶었다.

그래서 연극반 활동, 그룹사운드 보컬 활동에도 참여했다. 이때 사귄, 우리끼리 '가오리' 라고 부르는 친구들이 지금도 여전히 내 든든한 벗들이다.

그러는 사이 고2 겨울방학이 되었다. 생각해 보니, 공부를 열심히 한 기억이 없었다. 이러다가는 뭔가 빈 구멍이 생길 것 같아서 공부를 열심히 해보기로 했다. 겨울방학 동안 열심히 공부해 3학년 초에 시험을 봤다. 예상외로 높은 성적을 접하고는 '어? 나도 하니까 되네?' 라며 스스로 놀랐던 기억이 난다.

그 맛에 취해 4당 5락의 자세로 공부했지만 성적은 그다지 오르지 않았다. 불안함 때문에 더 잠을 잘 수가 없었고 그런데도 성적은 오르지 않는 악순환이 이어졌다.

결국 학력고사에서 기대했던 점수를 얻지 못했고, 하는 수 없이 재수를 하기로 마음먹었다. 담임 선생님이 '너는 재수해도 잘 해낼 거다' 라고 격려해 주신 것이, 무리라고 느끼면서도 서울대에 가려고 했던 이유이기도 했다. 선생님은 아무도 맡지 않으려고 했던 반장을 맡아 묵묵히 역할을 해내는 내 모습이 기특하셨던 모양이다.

아버님은 가시고 철학은 오고

재수 끝에 1986년 서울대 철학과에 입학했다. 나의 대학 입학을 누구보다 기뻐하셨을 아버지는 내가 재수하던 해에 세상을 떠나셨다. 아버지는 정규 교육을 제대로 받지 못하셨지만 독학으로 외국어를 익혀 미군 부대에서 일하며 자수성가하셨던 분이셨다. 지인의 배신으로 전 재산을 잃고 뇌졸중으로 쓰러지신 후에도 아버지는 반신불수의 몸으로 가족의 생계와 삶의 의지를 놓지 않으셨다. 돌아가실 때 연세가 55세, 나에게는 언제나 큰 어른처럼 보였던 아버님이 지금의 나보다 5살이나 젊었을 때 돌아가셨다는 사실이 가슴을 아리게 한다. 아버님은 쓰러지고 사흘 동안 자리에 누워계시다 돌아가셨다. 평소에도 늘 내게 해주셨던 말씀이 '진아, 공부 열심히 해라'라는 당부였는데, 그 말씀이 아버님의 마지막 말씀이었다.

1985년 재수를 할 때 처음 유세장에 가보았다. 신생 야당인 신민당이 2.12 총선에서 돌풍을 일으키는 것을 보며 정치가 세상을 바꿀 수 있다는 역동성을 느꼈고, 논어의 '정자정야(政者正也)' 즉, '정치는 올바르게 하는 것이다'라는 글을 접했다.

'올바르다'라는 것은 무엇인가? 옳은 것에 대한 궁금증이 나를 철학과로 이끌었다. 대학교 안에 전경이 들어와 있고 최루탄이 터지고, 학생들이 목숨을 건 민주화 투쟁을 벌일 때였는데, 오히려 나의 관심은 정치에서 멀어졌다.

정작 나의 마음을 사로잡은 것은 노장철학의 '무위자연(無爲自然)' 사상이었다. 나의 인생 좌우명이 된 '상선약수(上善若水)'의 뜻을 처음 새긴 것도 이때였다. 물 흘러가듯 그때그때 마음 가는 대로 1년여의 세월을 보냈다.

초등학생 시절, 쌍절봉을 들고 이소룡 흉내내는 모습

고등학교 시절
연극 무대에서
악마 역할(오른쪽)로
연기하는 모습

중학교 시절, 음악방송 예쁜
엽서전에 보내기 위해 그렸던 그림.
(레드제플린의 존 폴 존스)

중3 때 아버지와 함께 오대산 월정사에 여행 갔던 모습. 아버지는 중풍으로 몸 왼쪽 사용이 불편하셨다.

아래 왼쪽 사진
서울 서라벌고등학교 입학식 날

아래 오른쪽 사진
서라벌고등학교 졸업식 날
지금도 만나는 '가오리' 친구들.

내무반에서 DJ는 내 역할이었다.

군 부대 행사에서 부대원들과 함께 한 풍물팀.

맨 아래 사진은 전역을 앞둔 말년 병장 기념사진 연출. 전국 각지에서 온 다양한 청춘들과 특별한 경험을 한 시간이었다. 이들은 다 어디서 무엇을 하고있을까…

위 사진 : 군 제대 후 교회 청년회원들과 대성리로 수련회 왔을 때 모습

아래 사진 : 대학 복학 후 인문극회 동아리 회원들과 함께. 졸업 후의 애국적 사회진출을 같이 고민했던 동료들이기도 하다.

영화제작 워크숍에 참여한 동료들과 연습작품 촬영 중. 난 배우로 참여했다.
이 때부터 계속 배우를 했다면 송강호 배우 정도는 됐을까?

바나나 농장에서 일하는 모습. 다큐멘터리를 찍으면서 이스라엘 키부츠에서 한 달간 생활했다.

SBS 프로그램 '젊음이 간다' 에서 '신 왕오천축국전' 촬영 당시. 사진 좌측은 개그맨 노정렬, 우측은 당시 한예종 학생이던 배우 윤희석. 6미리 디지털 카메라로 찍은 첫 해외 촬영 방송물이었다.

다큐멘터리 <연어를 기다리는 사람들> 촬영 모습. 이 작품은 일본 NHK에 수출되기도 했다.

그런데 전방 입소 훈련을 반대하다 정권의 압박에 눌려 마음을 바꾸며 눈물을 흘리던 친구들의 모습을 보며 전방입소를 하려던 마음을 접게 되었다. 학생회관에서 비디오로 접한 5.18 광주의 진실은, '적어도 이건 아니다' 라는 확신을 갖게 했다. 결국 학생운동에 참여하게 되었다. 아스팔트 위에서 돌을 들고 독재정권과 싸웠고 구속과 징집이라는 원치 않는 시간을 보내게 됐다.

1987년 11월 신병교육대 안에서 첫 대통령 직선제 투표를 했는데, 나는 노태우를 찍었다. 기표소 안에 상급자가 들어와 감시했기 때문에 어쩔 수 없었다. 그런 부조리한 일들은 병영생활 중에 여러 차례 더 있었지만, 다양한 사람들이 전국 각지에서 모여 군복과 계급에 맞춰 지냈던 공동생활은 다른 곳에서는 경험할 수 없는 색다른 철학의 기회를 내게 주기도 했다.

다큐멘터리 감독에서 시민 활동가로

제대 후 복학하기 전에 미래에 대한 불안과 고민으로 교회를 다니며 신앙생활을 열심히 했다. 그러던 어느 날 신기한 꿈을 꾸었다. 내가 예수님이 못 박히신 십자가를 지고 고통스럽게 길을 걷는데, 알고 보니 그곳이 연극무대 위였다. 이 꿈이 내가 기도하며 갈구했던 미래의 삶에 대한 계시라고 생각했다. 광야에서 진리를 설파하셨던 예수님이 현대에 오셔서 직업을 갖는다면, 영화감독으로서 진실의 메신저 역할을 하시리라는 생각이 들었다. 그리고 진실을 세상에 드러내는 다큐멘터리를 만드는 일에 몰입했다. 훌륭한 다큐멘터리 감독이 되면, 훌륭한 인격자가 될 것 같았다.

독립프로덕션에서 다양한 공중파 방송 프로그램을 만들다가 YTN 기자로 일하게 되었다. 내가 원하는 다큐멘터리를 만들기 위해 직접 프로덕션을 차리고, 내 작품을 만들었다. 해외에 내가 만든 작품이 수출되기도 했다.

다큐멘터리 영화제에 출품하기도 했는데, 다큐멘터리의 현장은 나를 객관적인 관찰자로 머물도록 내버려두지 않았다. 시민단체의 활동을 촬영하다 보니 어느새 직접 단체를 도와 기자회견이며, 시위며, 토론회 등을 기획하는 일을 하게 되었다. 다큐멘터리 연출자로서 객관적인 거리를 갖기 힘들게 돼버린 것이다.

결국 카메라를 내려놓고 시민활동가로서의 삶이 새롭게 펼쳐졌다. 그 길 위에서 곽노현 방송통신대 교수를 만났다. 그리고 곽노현 교수가 서울시 교육감에 나섰을 때 그를 돕게 되었다. 이때 귀촌을 결정하는데 필요했던 마지막 조각을 맞출 수 있게 되었다.

'농촌유학'을 꿈꿨던 귀촌

곽노현 교육감이 '행복한 교육혁명'을 내걸고 당선되었다. 나는 서울시 교육청에서 근무하며 그의 정책 중에서 문·예·체 교육, 특수교육, 언론홍보 분야를 보좌했다.

체벌, 왕따 그리고 자살 등의 문제로 큰 홍역을 앓고 있던 중학교 교육에 대한 곽 교육감의 애정은 남달랐다. 서울시 전체 중학교를 대상으로 교육 연극을 신속하게 추진했다. 경쟁교육 속에서 생명력을 잃어가고 있는 중학교 교육을 회복시키기 위해 학교마다 연극 수업, 스포츠 동아리 활성화 등을 통해 생기를 불어넣었다.

나아가 과잉과 과밀화 속에서 시들어가는 도시의 아이들, 결핍과 과소 속에서 문을 닫아야 할 위기에 놓인 시골의 작은 학교를 동시에 살릴 수 있는 정책이 필요했다. 그런데 '농촌유학' 정책은, 내가 귀촌을 고민하며 채우지 못했던 마지막 퍼즐을 맞춰 주는 것이었다.

그때까지 나는 농사는 물론이거니와 지천에 널린 풀 이름조차 제대로 알지 못했던 사람이었다. 그런데 그런 내가 귀촌해서 먹고 살 사업 아이템으로 '농촌유학'은 할 수 있을 것 같았기 때문이다.

또 하나 귀촌의 결정적 계기가 된 것은 건강 악화였다. 교육감 정책보좌관으로 일하며 누적된 피로와 스트레스가 급기야 급성간경화를 일으킨 것이다. '당신 이러다 죽는다'는 의사의 경고는 귀촌 결심의 방아쇠를 당기게 했다.

2012년 8월 청평면에 전입했다. 화천군을 오가며 집터를 알아보다가, 가평군이 강원도 못지않은 자연환경을 갖고 있고 폐교 위기의 학교가 적지 않다는 것을 알게 됐다.

서울에서는 강남·북의 교육 격차 해소를 위해 노력했는데, 가평군에 와서 보니 가평군은 교육의 존립 자체가 어려운 상태였다. 아이의 교육환경이 자꾸 바뀌는 것도 마음에 걸렸던 터라 화천군으로의 이전 계획을 접고 가평군에서 살기로 마음먹었다.

귀촌 전 집 근처에서 숲놀이 하던 중, 내 앞 앙징맞은 아이가 딸이다.
아이는 가평군으로 와서 숲과 들의 기운을 받아 생명력 넘치는 청년으로 자랐다.

가평군에서의 13년, 생명 평화의 정치를 꿈꾸다

가평에서 13년 동안 지내며 마을 살리기, 사회적경제 활성화를 위해 줄곧 달려왔다. 그러면서 만들고 참여한 단체가 〈가평마을교육공동체〉, 〈가평귀촌귀농학교〉, 〈가평군신통방통네트워크〉, 〈중종대왕태봉문화제추진위원회〉, 〈가평매니페스토실천본부〉, 〈색현마을발전소〉, 〈가평아람마을사회적협동조합〉 등이다.

참여하진 않았지만 결성과 활동을 도와준 단체가 〈가평팜파티슬로우사업단〉, 〈가평로컬푸드협동조합〉 그 외 셀 수 없는 협동조합들, 공동체 단체들이다. 〈잠곡김육선생기념사업회〉의 경우는 기존에 있던 단체에 참여해 활동하는 경우다.

실학의 태두이자 대동법의 주창자인 잠곡 김육 선생을 알게 된 것은 내 삶에서 중요한 획을 긋는 사건이었다. 가평군의 주민으로서 큰 자부심을 느끼는 계기이기도 했다.

'밑으로 내려가 옆으로 엮어라', 무위당 장일순 선생이 했던 이 말을 가평군에서 십 년 가까이 산 뒤에야 알게 됐지만, 내 삶을 정확하게 표현하는 말이라 느꼈다. 그렇게 살고 싶었고, 그렇게 살아왔다.

마을활동가로서 다양한 실천과 노력이 기존 관행에 막혀 답답하고 화가 날 때 '설령 살아서 보지 못하게 된다 하더라도 다음 대, 그 다음 대로 이어지면서 풀뿌리 자치 역량이 튼실하게 뿌리내리면 좋겠다'는 마음으로 살아왔다. 누군가는 내가 정치를 하기 위해 포석을 두는 것이라고 멋대로 평가했지만, 풀뿌리 지역 자치를 위해 그저 긴 호흡으로 살고자 묵묵히 길을 걸었다. 그것이 내가 아는 '상선약수'였다.

그런데 지난여름 가평군을 덮친 큰물은 내 심연의 물길을 바꿔놓았다. 성장지상주의, 무한경쟁으로 다음 세대를 위한 삶의 터전을 망가뜨려 놓고 인류 멸종의 위기 앞에서도 멈추지 않는 죽음의 경주를 보며, 지금의 정치 시스템으로는 더 이상 미래가 없다는 절망감을 느꼈다.

대학교 때 느꼈던 '아, 적어도 이건 아니다'의 격정이 다시 솟구쳤다. 생명 평화의 정치가 시급한데, 이를 위해서는 생명과 가까이 있는 지역의 목소리가 정치에 반영돼야 하는데, 누군가는 '이제, 그만!'이라 외치며 결단을 해야 하는데, 세상은 멈출 생각이 없어 보였다. 그래서 대안을 만들어 이런 방식으로도 살 수 있다는 것을 보여줘야겠다는 생각이 들었다.

이제 그것을 내가 사는 곳 가평군에서 시작해보려고 한다. 거역할 수 없는 시대의 길에 피할 수 없는 사역을 맡게 된 것이라고 느낀다. 내 뜻이라기보다는 생명을 지키고자 하는 큰 기운의 부름에 이렇게 답할 수밖에 없었다.

평안을 더하는 곳, 가평(加平). 이름처럼 모두에게 평안과 생명의 기운이 넘치는 곳, '살맛나는 가평군'으로 거듭나기를 꿈꾸며, 내 무의식과 심연을 흐르던 복류수를 끌어올려 대동의 강물로 나아가게 해준 가평군의 자연, 역사, 문화, 주민들에게 감사의 마음을 전한다.

2013년 청평역 앞에 있는 300년 넘은 느티나무 보호수 스토리 북을 가평군 고등학생들과 함께 만들었다.

2022년 <청년 귀촌 살아보기>사업, 국내 첫 내륙하천 SUP(StandUp Peddalboard) Tour 모습. 청년이 직접 가평군에서 사업을 기획하고 실행하는 것을 도왔다.

아름다운 가평 생태, 하천 지킴이 환경보안관
가평아람마을 사회적협동조합 August 16th, 2022

가평군 청정계곡 하천유지관리사업 참여 주민들과 함께.
지역자치로 지키는 계곡과 하천.
제도정비와 도시민의 협조가 함께 해야함을 느낀다.

가평군으로 귀촌해서 난 초고령사회가 어떤 의미인지
몸으로 절감했다.
환갑이 된 지금도 난 가평군에서 청년이다.

숲에서 놀면 참 좋다.
이런 숲은 지켜져야 하고 지키는 일을 하고 싶다.

위 사진 : <가평 팜파티 축제 꿈의 학교> 내가 태어나고 자란 곳에서 내 직업을 찾는다라는 주제로 학생과 지역 농업인이 함께 한 팜파티 축제 때 포토존에서의 모습.

아래 사진 : 가평군에는 잘 알려지지 않은 훌륭한 관광 자원들이 많다. 새 건물을 지을 것이 아니라 새로운 스토리 발굴로 관광객이 머무는 시간을 늘리는 노력이 필요하다. 사진은 송산리 '물미연꽃마을'

신동진眞
채선미善美. 眞善美의 길을 함께 걷고있는 고마운 사람

1부

시민에서 촌민으로, 공정귀촌

내가 살고 있는 하색2리 진양마을에서 열린 2021년 가평 문화도시 토크 콘서트.

진양마을은 이름답게 햇볕이 잘 드는 마을이다. 마을 주민들은 햇볕이 잘 드는 마을 주민답게 따뜻하게 우리를 맞아주었다.

이제는 낯선 이름, 서울

2023년 11월 23일 칼럼

서울은 내가 태어나 46년 동안 살았던 고향이다. 어릴 적 뛰놀던 골목에 대한 기억과 청춘의 낭만을 불사르던 거리, 혁명을 외쳤던 광장도 기억 속에 온전히 남아있다. 이처럼 서울은 추억이 깃든 낯익은 곳이다. 그런데 고향을 떠나 가평군에 뿌리를 내린 지 11년(2023년 기고 글)이 지나면서 나는 서울에 대해 아주 이해하기 어려운 새로운 사실들을 알게 됐다.

가평군은 수도권정비계획법에 따른 '자연보전권역'이고 환경정책기본법에 따른 '팔당상수원 수질보전 특별대책지역'이다. 이로 인해 일정 규모 이상의 건축물을 지을 수 없다. 한강 물이 오염되면 안 되기 때문이다. 그 한강 물을 누가 먹는가. 서울특별시민이 먹는다. 서울시민의 안전한 식수를 위해 가평군에는 일정 규모 이상의 아파트, 공장, 사무용 빌딩은 물론 4년제 대학 등의 건축물을 지을 수 없다.

그러니 지역에 민간 자본과 인적 역량이 축적이 안 되고 지역의 경쟁력은 떨어졌다. 이에 대한 보상 차원으로 경제적 지원을 하곤 있지만 그 지원금은 마을을 키우기보다는 마을에 분쟁의 빌미가 되고, 공동체를 오염시키는 흙탕물을 끌어 올리는 마중물이 되곤 했다.

나는 비로소 서울 시민이 서울에 산다는 이유만으로 아주 안전하게 어느 지역 누군가의 삶을 뭉개고 살아왔음을 알게 됐다. 나의 의지와는 무관하게 벌어진 낯선 서울의 모습이었다.

가평군은 수도권에 속해있지만, 전국에 지정된 89곳의 인구감소지역 중 한 곳이다. 앞서 언급한 규제들은 가평군민들을 도시 특히 서울시로 떠나게 했다. 현재 소멸 위기를 심각하게 겪고 있는 지역이 비슷한 상황일 것이다.

최근 주간지 '시사IN'이 인구 이동 빅 데이터를 활용해 분석한 기사에 따르면, 비수도권 중소도시의 20대 여성들은 인접 광역시를 거치지 않고 바로 서울로 전입하는 비율이 가장 높게 나타났다. 그렇게 서울은 다른 지역의 출생률을 원천적으로 거세하는 역할을 하며 자신의 덩치를 키웠다. 그렇다면 서울의 출생률은 높은가. 놀랍게도 전국 꼴찌다. 전국 합계 출산률이 평균 0.78인데 서울은 0.59다.

반면 최근 서울시 편입 논란이 있는 김포시는 0.93으로 전국적으로 봐도 높은 쪽에 속한다. 다른 인접 시는 어떤가. 하남시 0.89, 과천시 1.02, 안양시 0.9 등 모두 서울시는 물론 전국 평균보다 높다. 서울에서 돈은 벌지만, 가정은 서울에 꾸리지 못하고 있는 상황이다.

한편, 전국 시·군·구에서 산모의 평균 출산연령 상위 10위가 모두 서울시의 구(區)다. 그 1위는 강남구로 평균 35세다. 가장 생활비가 비싼 곳에서 경제적으로 생활이 안정될 때까지 출산을 늦춘 결과일 것이다.

결국 서울에 온 청년들은 치열한 경쟁 스트레스와 경제적 압박 속에서 아이를 낳지 못하거나 늦게 낳고 있다. 이 역시 내가 이해하기 어려운 서울의 모습이다. 전국의 사람 씨앗을 빨아들여 아기를 낳을 수 없게 만드는 특별한 불임의 땅이 바로 서울특별시인 것이다.

사람이 도시로 가면 사람만 가는 것이 아니다. 그 사람을 따라 지역의 돈도 함께 간다. 농촌, 산촌, 어촌의 소멸 위기의 진앙지는 바로 서울이다.

'북한강에서' 서울이라는 아주 낯선 이름을 생각하며 가수 정태춘은 이렇게 노래했다.

> 아주 우울한 나날들이 우리 곁에 오래 머물 때 / 우리 이젠 새벽 강을 보러 떠나요 / 과거로 되돌아가듯 거슬러 올라가면 / 거기 처음처럼 신선한 새벽이 있소.

내 고향 서울이 생명의 기운이 넘쳐나는 특별한 땅이 되길 바란다.

인류 멸종 위기를 만드는 마녀

2023년 11월 23일 칼럼

집 앞 큰 은행나무에서 떨어진 은행을 주워 왔다. 과육을 으깨 가마솥에 넣고 끓였다. 내년에 쓸 천연살충제를 만들기 위해서다. 열매는 햇볕에 말렸다. 조만간 열릴 마을 플리마켓(flea market 벼룩시장) 때 구워서 팔 생각이다.

가마솥 연료로는 가을걷이를 한 후 남은 다양한 식물의 줄깃대들, 가지치기한 나뭇가지들, 폐 팰릿 목재들을 사용했다. 친환경 사료를 먹인 우리 집 반려견이 싸놓은 대변도 연료로 사용했다. 타고 남은 재는 밭에 뿌려진다. 역시 내년 농사를 위해 좋은 흙을 만들어 놓기 위해서다. 이렇게 순환이 된다. 돈 드는 것도 없고 그냥 자연스럽다. 순환 속에는 부족함과 과함이 없다. 그저 서로에게 필요한 존재들로 풍요롭다.

나와 아내가 함께 가꾸는 무아(無我 moi)농장의 원칙은 순환이다. 퇴비장, 생태화장실, 빗물탱크, 태양광 발전, 토종씨앗 농사 등이 그런 원칙을 지키고자 하는 노력의 결과다.

순환이 잘 되지 않으면 곳곳에서 문제가 생긴다. 혈액이 잘 순환되지 않으면 사람이 죽고, 사람이 순환 되지 않으면 출생률이 떨어져 끝

내 지방이 소멸하게 된다. 돈의 순환이 막히면 경제가 망가지고, 자원 순환이 안되면 쓰레기가 넘쳐나고, 생태 순환이 잘 되지 않으면 결국 인류가 멸종하게 될 것이다.

곳곳에서 순환이 막혀 죽음의 쓰나미가 이곳저곳에서 밀려오는 상황에서 흙 한 줌 순환한다고 뭐가 바뀌겠느냐는 생각이 들 수도 있다. 그러나 세상에는 우리 부부와 같은 노력을 먼저 했던, 그리고 지금도 묵묵히 그런 삶을 살고 있는 사람들이 적지 않다는 믿음이 있기에 그들과 무언의 텔레파시를 주고받으며 순환의 삶을 살려고 노력한다.

최근 들어 인구위기, 인구절벽에 따른 폐해를 다루는 기사들을 자주 본다. 지역소멸을 넘어 국가소멸을 우려하는 목소리도 들린다. 인구절벽으로 인해 벌어지는 사회 각 분야의 비정상적인 상황에 대해 대안 마련이 시급하다는 절박한 외침도 있다.

그런데 문제를 해결하기 위해 진단한 문제점이 틀릴 경우, 그 문제는 해결이 안 된다. 의사가 구토를 하는 환자를 두고, 위궤양으로 진단한 처방과 식중독으로 진단한 처방이 같을 수 없으며, 처방에 따라 그 결과는 엄청나게 다를 수밖에 없다. 그리고 의사가 같은 처방을 했다 하더라도, 병을 치료할 의지가 있는 환자와 의지가 없는 환자의 결과가 같을 수는 없을 것이다.

내가 보기에는, 병을 치료할 의지가 없는 환자에게 잘못된 처방을 하고 있는 상황이 지금의 대한민국이다. 최근 '메가시티 서울' 논란이 그 사례다.

서울은 전국에서 합계출산율이 가장 낮은 도시다. 그리고 합계출산율 상위 10위 지역 중 강원도 인제군을 제외한 아홉 곳은 놀랍게도 행정안전부가 지정한 인구감소지역이다. 출생률이 높은 곳이 인구감소지역이라는 것은, 없는 살림 속에서 아이를 낳은 젊은 부부들이 그 지역을 빠져나간다는 얘기다.

한국농촌경제연구원은 '지역재생잠재력지수'를 개발해 발표한 바 있다. 이 지수는 두 자녀 이상 출생률(둘째 이상 출생아/총 출생아 수) 대비 출산가능인구(15-49세 여성인구/총 여성인구)로 산출되는데, 지역의 전반적인 출산 분위기를 파악할 수 있게 해줘서 지역에서 얼마나 인구를 증가시킬 수 있는지 파악할 수 있도록 개발된 지수다.

지수 값이 1 이상이면 지역에서 인구가 재생산되고 있음을 의미하는데, 전국 229개 시·군·구를 대상으로 조사한 결과 지수값 2 이상인 19개 지역은 모두 군(郡)지역이었다. 이 지역들 또한 행안부가 지정한 인구감소지역이다. 그렇다면 서울은? 역시 꼴찌다.

합계출산율도, 지역재생잠재력지수도 모두 농·산·어촌에서 도시보다 아이들이 더 태어나고 있다는 것을 보여주고 있으며, 서울은 두 지표에서 모두 꼴찌임을 알 수 있다.

문제는, 촌에서 태어난 아이들이 학령이 올라가면서 지역을 떠나 서울로 전입하고자 한다는 점이다. 서울로 모인 청년들은 서울에서 가정을 꾸리지 못하고 인접 도시로 가서 아이를 낳는다.

김포시를 예로 들면, 김포시의 합계출산율은 0.93으로 전국 평균보다도 높은 수준이다. 김포시를 포함해 서울과 경계를 접하고 있는 12개 시들의 합계출산율 평균은 0.83이다. 전국 평균보다는 높지만,

합계출산률 1위인 전남 영광군 1.8의 반에도 못 미치는 수치다.

이렇게 사람이 순환되지 않고 서울에, 그리고 서울 인접도시에 정체되고 있다. 순환이 막히니 당연히 지방은 소멸 위기에 처할 수밖에 없다. 의지를 갖고 이런 이상한 시스템을 조금이라도 변화가 일어나도록 해보자고 공정귀촌을 얘기하지만, 참 녹록하지 않은 게 현실이다.

문득 동화 <헨델과 그레텔>에 나오는 과자로 만든 집과 마녀가 떠오른다. 과자로 만든 집으로 아이들을 유혹해 그 아이들을 잡아먹는 마녀. 서울특별시는 과자로 만든 마녀의 집과 꼭 닮았다.

그리고 '메가시티 서울'이 되어야 한다는 주장은, 마녀가 지금의 과자집이 작다며 더 큰 과자 집을 지어야겠다고 주장하는 것과 다를 바가 없다. 그렇다면 마녀는 누구인가?

서두에 얘기한 나의 농사가 순환에 기대지 않았다면 나는 은행 열매를 사고, 연료를 사고, 농약과 비료를 사야 했다. 이처럼 순환이 끊기는 곳에 시장의 상품이 들어선다. 내가 순환 농사를 짓지 않는 순간, 나는 자본주의 시장경제에 편입돼 돈이 필요한 농부가 돼버린다. 사실 내가 순환 농사를 짓는 또 다른 중요한 이유는, 가난하기 때문이기도 하다. 농자재를 사면서 농사를 지을 만큼 돈을 벌지 못할 뿐만 아니라, 농산물을 판 돈으로 생계를 충당할 만큼 농사를 짓지도 않는다.

농경사회를 유지했던 생산과 소비의 순환을 끊고 그 자리에 필요한 상품을 만들어 내는 것은 자본주의의 생리다. 흡사 동전의 앞뒷면과 같은 인구위기와 지방소멸위기를 만들어 내는 원리이기도 하다. 아이를 낳고 그 아이가 또 아이를 낳는 순환을 끊고, 도시와 시골 사이에 사람의 순환을 끊어 그 자리에 자본의 욕구를 채우는 것이다.

'심리연구소 함께' 김태형 소장의 표현을 빌리면, 홀로 생존 문제를 해결하도록 강제당하는 '고립적 생존 불안' 상태의 개인을 지속적으로 생산해내는 자본주의 시스템이 지금의 인구위기, 지방소멸위기의 근본 원인이라고 한다.

과거에는 어린이, 노예, 식민을 저렴한 노동자로 만들어 착취하더니 언젠가부터 가난한 청년, 여성, 시골사람을 '고립적 생존 불안' 상태로 만들어 온 것이다. 지방에서 도시로 끌어 모아진 청년들은 '고립적 생존 불안' 상태의 노동자가 되고, 그런 상황에서는 제대로 가정을 꾸리고 아이를 낳고 사는 미래를 꿈꿀 수가 없게 된다. 이처럼 자본주의 시스템이 출생의 순환을 단절시키는 셈이다.

OECD 38개 회원국의 합계출산율 평균은 1.58이다. 그런데 현재의 인구를 그대로 유지하는 데 필요한 합계출산율은 최소 2.1명이 되어야 한다. 이처럼 자본주의 체제가 사람의 순환을 보장하지 않는다는 사실을 경제선진국들이 확인시켜주고 있다.

한동안 우리는 경제선진국 서유럽과 일본의 낮은 출생률을 의아한 눈길로 바라보곤 했다. 그런데 개발도상국이던 대한민국이 급속도로 선진국 반열에 오른 지금 세계에서 가장 빠르게 출생률 하락을 보여주고 있다는 것이 이상하지 않은가.

다시 '마녀'는 누구인지 생각해본다. 순환을 끊는 자본주의가 마녀인가? 지금의 인류를 이토록 풍요롭게 만든 자본주의가 마녀? 그렇다면 그 자본주의는 누가 만들었나?

순환하지 않아도 무한생산, 무한소비가 가능할 것이라며 무조건 믿고 싶었지만, 지금은 속수무책인 인류의 무지와 아집과 무기력이 마녀인 것은 아닐까?

그 마녀가 더 크게 만들고 싶어 하는 과자로 만든 집이 인류를 멸종시키려 하고 있는데도, 그 과자로 만든 집을 더 키우려고 하는 사람들, 그리고 그 사람들 편에 서 있는 사람들, 그 속에 나일 수도 있고 독자일 수도 있는 사람들이 포함된 것은 아닐까?

그렇다면 마녀는 누구인가? 우리는 마녀와 직면할 수 있는가? 혹시 마녀를 아름다운 미녀라고 착각하고 있는 것은 아닌가?

여기서 또 한 가지 궁금증이 든다. 도시보다 살기가 더 쉬울리는 없는데 농·산·어촌에서는 왜 애들을 더 낳는 걸까? 그렇게 만드는 에너지는 어디서 나오는 것일까?

자연이 주는 삶에 대한 긍정과 희망으로 충만한 생명의 기운이 그렇게 만드는 것은 아닌지 궁금해진다.

시민에서 촌민으로 그리고 공정귀촌

2022년 12월 20일 칼럼

국민의 선택으로 국민이 고달프다. 윤석열을 대통령으로 뽑은 대한민국 국민 이야기다. 10.29 이태원 참사를 보면 고달픔을 넘어 목숨도 위태롭다. 그 참사에 돌아가신 고인이나 유가족들 중에 윤석열을 대통령으로 선택했던 분들도, 선택하지 않은 분들도 있을 것이다.

선택했던 분들도 국민이요, 선택하지 않은 분들도 국민이니 국민의 선택으로 국민이 고달프다. 우리 헌법이 정해 준 유일한 권력자 '국민'이 자신을 자해하는 꼴이다. 정치적 반대자를 '비국민'으로 몰아 전부 숙청할 수는 없으니 '국민'이 뭔가 대안을 찾아야 한다.

시민언론 민들레'가 '국민' 언론이 아닌 '시민' 언론으로 탄생한 것은 '국민'으로 담지 못하는 뜻을 '시민'이 담고 있기 때문일 것이다. '시민단체', '시민운동', '시민주권', '시민민주주의'라고 할 때의 그 '시민', 즉 국가권력의 불법적 지배에 저항하고 공공선을 위해 정치 과정에 직접 참여하는 정치적 주체로서의 국민이라는 뜻을 '시민'이라는 단어가 갖고 있을 것이다.

민주주의의 질적인 성장을 담보하는 정치적 주체로서 깨어있는 국민. 더 줄여서 이 글에서는 '깨어있는 국민'을 '시민'과 같은 뜻으로 사용하고자 한다.

나는 서울시에서 살 때 나 자신을 '시민'으로 부르는 데 아무런 거리낌이 없었다. 행정구역상 시(市)에 살고 있으니 설령 내가 '깨어있는 국민'이 아니더라도 난 '시민(市民)'이었다. 그런데 군(郡)에 귀촌해 사는 촌민(村民)이 되고 나서는 사정이 달라졌다. 하는 일의 성격상 주민들을 많이 만나게 되고, 관련 글도 자주 써야 하는 상황에서 '시민'이라는 표현을 쓸 때 고민이 생겼다. 행정구역으로만 보면 군민(郡民) 여러분, 면민(面民) 여러분 하면 아무 문제없다. 그런데 '시민' 여러분 하면 문제는 달라진다. "우리는 군민인데 왜 시민이래? 저 사람은 아직도 자기가 서울시에 사는 줄 아나?" 하는 의문, 더 나아가 반발심을 불러일으킬 수 있다.

듣는 주민들의 반응 이전에 나 스스로 '저분들이 깨어있는 국민인가? 또는 저분들을 깨어있는 국민으로 각성시키고자 하는 자리인가?' 하고 자문 해보면 '시민'이라는 단어를 쓰기가 주저되곤 한다.

나의 본격적 고민은 여기서부터 시작된다. '촌민'이 '깨어있는 국민'이 되면 왜 그를 '시민'이라 불러야 하는가? 왜 뭔가 더 나은 국민이 되는 것은 '시민'이어야 하는가? 왜 시도 아니고 촌도 아닌 제3의 중립적인 단어를 사용해 '깨어있는 국민'을 뜻하는 단어를 만들지 않았는가?

그러고 보니 역사적으로 태생적으로 '시민'은 촌을 배제하거나 해체한 도시민의 언어였다. 그랬다. 이 세상은 도시민의 세상이었다. 촌에 사는 '깨어있는 국민'까지 아우르는 단어를 만들 이유가 없었다. 아니 의지는 있었을까? 세상은 승리한 도시민의 것이었다.

일과 의·식·주가 하나였던 농촌공동체는 성장하는 상업, 산업자본에게 해체되거나 식민지 같은 역할을 해야 할 대상이었다.

비폭력평화주의자로 존경받는 인도의 독립운동가 마하트마 간디는 농촌 마을운동가이기도 했다. 간디의 독립운동을 받쳐 준 힘은 바로 농촌 마을에서 나온 것이었다. 부유한 집에서 태어나 엘리트 교육을 받고 변호사로도 활동하며 세상의 선진 흐름을 꿰뚫었던 간디는 상업, 산업자본이 만들 도시화, 산업화 된 세계가 인도의 독립은 물론 인간의 존엄, 인류의 생존까지도 위태롭게 할 것이라고 예견했다.

빈면에 도시화, 산업화로 만들어질 폐해를 이겨 낼 힘을 인도의 농촌 마을에서 발견했다. 자급자족이 가능한 농촌 마을이 있었기에 간디는 비폭력적으로 독립운동을 해나갈 수 있었다. 더 나아가 마을의 자치와 경제적 자립을 통해 세계를 구하고자 했다. 바로 그의 스와라지(Swaraj) 운동이다. 그러나 독자들이 아는 것처럼 역사는 간디의 노력과는 반대로 흘러왔다. 간디는 농촌 마을운동가가 아니라 비폭력평화주의자로 기억되었다.

대한민국은 간디가 우려했던 도시화, 산업화의 길을 충실히, 재빨리 추진했다. 압축성장으로 기적을 일궈온 대한민국이다. 그런 나라에 촌이 건강하게 남아있다면 그것이 더 이상할 것이다. 서울 살다가 촌에 와서 살아보니 대한민국에서 촌은 도시의, 특히 서울의 식민지였다. 식민지가 과한 표현일까?

촌에서 생산되고 촌의 생태와 경관을 망가뜨리며 설치된 수많은 송전탑을 통해 전달된 전기는 서울과 수도권 '시민'들의 풍요로운 밤을 밝힌다. 촌에서 생산하는 식재료 가격은 '시민'들의 경제 형편을 고려해 늘 낮게 정해진다. 착한 '시민'도 내 새끼 줄 땟거리가 줄어드는 상황에서는 어쩔 수 없이 값싼 농산물을 바라는 도시의 소비자가 돼버린다. 낮은 임금으로 경쟁력을 확보하려는 대한민국 기업의 압박이기도 하고, 그 기업을 편들어주는 국가의 정책이기도 했다.

만약 촌민이 '깨어있는 국민'이었다면 이런 속도의 도시화, 산업화가 가능했을까? 수출 경쟁력을 앞세우는 기업과 정부는 그렇다 치고 '시민'은 '촌민'의 주권 행사에 공감하며 지지를 해줬을까? 촌에서 누리지 못할 혜택과 기회를 누리기 위해 도시에 가서 '시민'이 된 그들이 '촌민'의 요구에 자신들의 편익을 포기했을까? 그렇지 않았다는 것은 대한민국의 반이 넘는 곳이 소멸위험 지역이 돼버린 현실이 입증하고 있다.

도시와 촌의 관계가 공정했다면, 연대를 통해 상생했다면 나올 수 없는 결과다. 언제든 무엇이든 부수고, 짓고, 가져오고, 투기하고, 배설할 수 있는 곳이 촌이었다. 그것이 식민지가 아니고 무엇인가?

대한민국의 절반 이상을 식민지처럼 놔두고 대한민국의 민주주의가 건강할 수는 없다. 촌이라는 약자를 배제하고 누린 도시에서의 안락은 도시 안에서의 약자를 또다시 배제하는 갈라치기의 숙주가 될 뿐이다.

같은 도시민이면서도 화물연대 파업이나 장애인 이동권 투쟁을 외

면하는 도시민. 더구나 노인이 되면 다 장애인이 되거나 그를 돌봐야 하는 가족이 된다는 점을 고려하면, 장애인 이동권 확보는 인생 100세 시대에 모두를 위한 공공적인 투자임에도 불구하고 이 합의조차 만들어내지 못하는 정치 체제가 과연 민주주의 체제인지 묻지 않을 수 없다. 그런 체제 속에서 도시민들은 또 언제 어떤 외면과 배제의 대상, 갈라치기의 대상이 될지 모른다.

경제는 압축성장이 가능해도 '깨어있는 국민' 의식은 압축성장이 불가능하다는 것이 나의 생각이다. 민주의식 성장에는 지름길이 없다. 고통스럽더라도 꼬박꼬박 겪을 것 다 겪으며 가야 하지 않는가 싶다. 이때 도시화, 산업화의 패러다임인 생산성, 효율성, 속도의 유혹에 빠져 또다시 민주주의도 압축성장을 도모하다 보면, 우리는 다시 '한국식 민주주의'에 빠질 것이라고 본다. 지금 그 전조가 우리에게 무수한 경고신호를 보내고 있지 않은가?

또박또박 벽돌 쌓듯 주민자치 역량을 강화해야 한다. 더구나 지금과 같은 기후위기 생태위기, 그리고 그로 인한 에너지 위기, 식량 위기 시대, 그래서 인류 멸종의 위기를 논하는 시대에 촌민의 '깨어있는 국민' 의식은 더더욱 필요하다. 기존 도시화, 산업화의 패러다임에 촌이 더는 망가지게 놔둬서는 안 되기 때문이다.

생산성과 효율을 앞세워 공장식 농업을 추진하며 생태계와 자연 순환을 파괴해 온 농업정책이 이제 4차산업혁명, 스마트팜과 같은 근사한 이름으로 농촌공동체의 남아있는 역량까지도 해체하고 있다. 촌에서 '깨어있는 국민'의 풀뿌리 주민자치가 더욱 시급한 이유다.

그러나 촌에서 살아온 고령 선주민들의 낮은 문해 능력과 정보화 역량을 고려할 때 그것이 쉽지 않다. 정부는 주민자치회를 만들어 주민자치를 강화하려 하고 있으나, 그 주민자치회가 예전부터 이런저런 지역유지로 활동했던 선주민들의 새로운 감투 자리가 된다면 그 결과는 뻔하다.

그들의 과거사나 역량을 훤히 알고 있는 기초지자체 공무원들이 자신들의 상전 노릇을 할 수 있는 주민자치회 설립에 소극적이거나 형식적으로 되기 쉬운 이유다.

촌에 새로운 리더십이 필요하다. 그래서 '깨어있는 국민'으로서의 '촌민'이 만들어져야 한다. 도시에서 '시민'으로 살았던 '깨어있는 국민'이 촌의 민주주의, 특히 직접 민주주의를 신장하고, 지역 자립의 순환경제를 만들어나갈 일꾼으로 활동하는 것이 필요하다.

마하트마 간디가 하고자 했던 '마을 자치, 자립'을 실행하는, 세계를 구할 마을활동가가 필요하다. 내가 주장하는 공정귀촌이다. 공정귀촌인들이 새로운 촌스러움을 만들기를 기대한다. '무지, 교양 없음, 시대에 뒤떨어짐'이 아니라 '뛰어난 생태 감수성, 공동체성, 소통능력과 헌신성' 등이 새로운 촌스러움의 의미가 되기를 희망한다.

그래서 '촌민단체' '촌민운동' '촌민주권' '촌민 민주주의'가 대한민국의 위기를 극복하는 대안의 단어들이 되기를 기대한다. 다른 나라에서 못했던 일을 해왔던 대한민국이, 이른바 'K-스피릿(spirit)'이 또 다른 기적을 만들어내길 바란다.

'귀농'이 아닌 '귀촌' 그리고 공정귀촌

2023년 1월 10일 칼럼

나는 공정귀농이 아닌 공정귀촌을 말한다. 왜 '귀농'이 아니고 '귀촌'인가? 이 설명에 앞서 먼저 (사)전국귀농운동본부의 1996년 창립선언문의 일부를 소개한다.

"(전략)
흙을 살리고 개울을 살리며 풀벌레와 어울리는 유기순환적 생태 질서 속에서 생명의 양식을 생산하고, 도시 소비자와 함께 손잡고 얼굴을 맞대는 도농의 연대 속에서 새로운 대안 문명을 창조해 나가자. 반생명적이고 대립 경쟁적인 도시산업문명의 유일한 대안은 인간과 자연이 함께 공생조화 하는 유기순환적인 농적(農的) 문명이다. 순환 공생의 농적 문명을 창조하는 것, 이것이 우리의 희망이다. 우리의 아이들과 겨레와 인류의 건강한 내일을 준비하는 길이다.

텅 빈 마을, 노인들의 바튼 기침소리만 적막한 고향 땅에 돌아가자. 가서 부서진 삽짝문을 고쳐 달고 골목길에 우리 아이들의 방울 웃음소리 가득하게 하자. 가자. 가서 둥지 하나씩을 틀자. 농촌이, 들판이, 세상이 푸르게 다시 살아나는 보금자리를 만들자.

농촌에 신바람을, 새로운 활력을 불러일으키자.
흙 속에서 잃었던 생기를 되찾고 삶의 진정한 가치를 실현하자.
우리의 농촌과 우리 아이들의 건강한 미래를 위하여, 사람과 사람이, 도시와 농촌이, 사람과 자연이 함께 어울리는 공생의 대동 세상, 생기와 신명이 넘치는 우리의 농촌, 그 생태적 공동체 마을을 들기 위하여."

심장을 뛰게 하는 글이다. (사)전국귀농운동본부의 창립선언문에 담긴 문제의식은 내가 얘기하는 '공정귀촌' 의 뜻과 다르지 않다.

1996년에 젊은이들이 농촌으로 돌아가서 고향을, 농촌을 살리자는 문제의식은 지금도 유효하다. 아니 더욱 절실하다. 이런 점에서 (사)전국귀농운동본부의 설립자들, 활동가들, 그리고 지금도 촌을 살리기 위해 묵묵히 자리를 지키고 있는 선배들에게 깊은 존경의 마음을 보낸다. 그런데 '(사)전국귀농운동본부' 에 사용된 '귀농' 이 지금 일반적으로 '귀농귀촌' 을 얘기할 때 그 '귀농' 인가? 그렇지 않다는데 문제가 있다.

전국귀농운동본부의 '귀농'과 법적인 '귀농' 의 차이

지금 독자가 '귀농' 을 하겠다고 자료를 찾거나 관련 교육을 받으면 '귀농' 과 '귀촌' 에 대해 다음과 같은 법적 개념의 설명을 접하게 될 것이다.

귀농인	농촌지역(읍, 면)으로 이주하기 직전에 도시지역(동)에서 1년 이상 주민등록이 되어 있던 사람이 농업인이 되기 위하여 농촌 지역으로 이주한 후 주민등록 전입신고를 하고 농업경영체에 등록한 사람
귀촌인	농촌지역(읍, 면)으로 이주하기 직전에 도시지역(동)에서 1년 이상 주민등록이 되어 있던 사람으로서 농촌 지역으로 이주한 후 주민등록 전입신고를 한 사람 (단, 학업 직장 전보, 병역의무, 건강 등의 이유로 기도원, 요양시설 이주한 경우는 제외)

쉽게 설명해서 행정구역이 '동(洞)'인 곳에서 살다가 '읍,면(邑, 面)'에 가서 사는데 농업인이 되면 귀농인이고, 그렇지 않으면 귀촌인이 된다.

(사)전국귀농운동본부의 창립선언문에서 본 '순환공생의 농적(農的)문명을 창조'하고, '생태적 공동체 마을을 만들기 위한' 노력을 할 것이냐의 기준은 법적, 행정적 개념의 '귀농'에는 없다.

그런데 창립선언문에서 만들고자 하는 농촌이 농사만 지어서 될 일인가? 삶의 다양한 수요가 충족되는 마을을 만드는데 어떻게 농민만 있을 수 있겠는가? 교육자도, 의사도, 수리공도, 예술가도, 요리사도, 수의사도, 또 다른 다양한 분야의 생활의 달인들이 있어야 마을이, 공동체가 굴러가지 않겠는가?

결국 '(사)전국귀농운동본부'의 '귀농'의 의미는 농촌을 살리는 일꾼이 되자는 것이고, 그렇다면 법적인 '귀농'의 개념과는 그 의미가 다르다.

'언어는 존재의 집이다.'라는 철학자 하이데거의 말을 인용해 생각해보면, 현재 일반화된 '귀농'이라는 언어는 (사)전국귀농운동본부에서 얘기하는 '귀농'과는 다른 존재들로 가득 차 있는 집이 돼 있다. 그리고 그 쓰임새의 힘이 행정적 언어의 힘을 이겨내지 못하고 있다. 오염된 '귀농' 의 집에 화려한 분칠을 해주고 있는 꼴이다.

잘못된 언어, '귀농'

내가 '귀농' 이 아닌 '귀촌' 표현을 사용하는 또 다른 이유는 '귀농' 의 범주를 잘못 한정해놓은 탓에 폐해가 생기기 때문이다.

법적으로 '귀농인' 이 된다는 것은,

1) 1,000㎡ 이상의 농지를 경영, 경작하는 사람

2) 농업경영을 통한 농산물의 연간판매액이 120만 원 이상인 사람

3) 1년 중 90일 이상 농업에 종사한 사람이 된다는 것이다.

이 기준도 문제가 있으나 그 얘기는 생략한다.

그런데 위 2), 3)은 이제 막 농촌으로 이주하려는 사람에게는 적용할 수 없는 기준이다. 이미 1년 이상 농사를 지은 실적이 있어야 하는 경과 규정이기 때문이다.

그래서 농촌으로 이주를 하면서 바로 귀농인이 되려면, 그나마 1번의 방법을 택할 수밖에 없다. 어쩔 수 없이 1,000㎡ 이상의 농지를 사들이는 투자를 해야 한다. 그뿐인가, 각종 농자재와 장비를 사야 되고, 낯선 영농기술도 배워야 하고, 농짓값이야 지역마다 다르지만 '귀농' 을 결심하는 순간 '귀촌' 에는 필요 없는 적어도 억 단위의 추가 비용이 발생하고, 시간의 투자도 훨씬 늘어날 수밖에 없다.

그런데 이런 투자를 통해서 얻으려 하는 것이 무엇인가? 소득인가? 농가소득은 도시근로자 소득의 대략 70% 수준이다. 그 격차는 더 벌어지고 있다. 더구나 농가소득에서 농업소득, 즉 농사를 지어서 얻는 소득의 비중은 점점 줄어들고 있다. 쉽게 말해 농사 말고 잡부로 일해서 버는 소득이 더 커지고 있다는 것이다.

누군가가 당신에게 2억 원과 1년의 세월을 투자하는 사업 컨설팅을 했다고 치자. 그런데 그렇게 따라 하고 보니 소득이 70%로 떨어지고, 그나마도 투잡, 쓰리잡을 해야 겨우 그 소득이 된다고 하면, 그 컨설팅이 제대로 된 건가? 그 컨설턴트는 사기꾼이 아닐까?

억대 농부가 꿈인가? 어떤 일이나 예외나 특별한 경우는 있지만, 자신의 땅을 갖고 있거나 영농후계자가 아닌 경우 이게 쉬운 일일까? 설령 가능하다고 해도 기존 농부들은 힘겹게 농사를 짓고 있는데, 나는 '귀농'해서 억대 농부 행세를 하면 그 마을 주민들이 좋아할까?

이미 농사의 달인이 있는 곳에 가서 또 한 명의 새로운 농부가 돼서 레드오션에 뛰어드는 것보다 농사의 달인과 협력해 판매, 교육, 체험, 생태 경관 조성 등을 한다면 서로 도움이 될 수 있지 않겠는가? 이런 활동을 하는데 농지 1,000㎡가 왜 필요한가?

작은 텃밭 농사라도 아니 아파트 베란다 농사라도 지어 본 사람은 알 것이다. 작은 밭이라도 관리하는 것은 무척 힘들고, 작아도 생산되는 양이 적지 않다는 것을.

지금 농어촌에는 농어민만 필요한 것이 아니다. 다양한 직업군이 필요하다. 그래야 소멸을 막을 수 있다. 자족적인 삶이 지역 안에서 이뤄져야 지역을 떠나지 않고 살 수 있다. 다양한 직업군이 농촌 지역으로 이주해 살아야 한다. 이런 점에서 '귀농' 아닌 '귀촌'이 필요하다는 것이다.

또 다른 잘못된 언어, '귀촌'

법적 개념의 '귀촌' 역시 문제가 많다. 지금 '귀촌' 개념으로는 서울의 집값이 비싸 서울 주변 도농복합시의 읍·면 지역으로 이주해 서울로 출퇴근하는 사람들도 다 귀촌인이다.

한 예로 아파트가 가득 들어찬 남양주시 화도읍의 인구는 11만여 명이다. 가평군의 인구가 6만여 명이니 화도읍의 인구가 두 배가량 많다.

서울에서 살다가 화도읍의 아파트로 이사 와 서울로 출퇴근하는 읍민들이 모두 귀촌인인 셈이다. 이처럼 전국적으로 귀촌인이 늘어난 곳은 대부분 도시 주변 도농복합시다. 그리고 '귀촌'인의 약 50%는 2030 청년세대다. 가난한 청년들이 도시에서 밀려나 도시 주변 촌에서 도시 진입의 기회를 노리며 산다.

이러니 촌민이 늘어난 것이 아니라 도시민의 거주 영역이 넓어진 것이다. 촌에 와 촌스럽게 사는 것이 아니라 도시인의 삶을 촌에서 사는 것이다. 이것은 다음 통계로도 확인이 된다.

이 '참여하고 있는 지역활동'을 물은 질문에 대한 답을 보면, '거의 참여하지 않음'이 압도적으로 높다. 귀촌인들은 같은 귀촌인들끼

[표2-19] 참여하고 있는 지역

(단위 : %)

구분		주도적이고 적극적으로 참여	자주 참여하며 적극적으로 의견을 개진	자주 참여하나 적극적으로 의견을 내지는않음	가끔 참여함	참여함	거의 참여하지 않음
귀촌	마을 회의나 행사	4.3	8.1	13.3	16.1	41.9	58.1
	지역 농업/농민단체	1.7	3.1	3.5	4.9	13.1	86.9
	일반 사회단체	3.3	6.1	7.6	9.9	26.8	73.2
	귀농귀촌인 모임	1.5	4.8	4.8	7.2	18.3	81.7

자료 : 통계청 2021 귀농귀촌 실태조사

리도 81.7%가 만나지 않고 있다. 이웃이 누군지도 모르는 아파트 도시민의 삶이 촌에서도 벌어지고 있다.

상황이 이런데 관련 부처가 귀촌인이 늘었다느니 청년 귀촌이 늘었다느니 하면서 정책 대상자 수를 늘리는 통계 장난을 하며 예산을 수립하고 있다. 가난한 도시 지향 청년들이 도시 주변부 삶을 선택하고, 이런 이름뿐인 '귀촌인'이 늘어난 것이 도시의 입장에서든, 촌의 입장에서든 반길 일인가? 농식품부 정책이 성공한 건가?

이처럼 법적 언어 '귀촌'이라는 말도 잘못 붙여졌다는 것을 확인했다. 귀농이라는 집에는 '촌'이 없다. 그래서 '공정귀촌'을 말하는 것이다. '촌'을 지향하는 '귀촌'. (사)전국귀농운동본부의 창립선언문 취지를 담은 '귀농'. 그 뜻을 제대로 담은 언어, 소멸위기의 촌을 살릴 새로운 존재의 집, 그 집을 '공정귀촌'이라 이름 지은 것이다.

베이비붐 세대의 공정귀촌

2023년 1월 31일 칼럼

우리나라의 베이비붐 세대는 일반적으로 1955년부터 1963년에 태어난 세대를 말한다. 1953년 한국전쟁이 끝나고 출생률이 급격히 올라가는 시기, 즉 1954년 잉태돼 1955년에 태어난 세대부터 산아(産兒)제한 정책이 시행되는 1963년 이전인 1962년 잉태돼 1963년 태어난 세대다.

우리나라 전체 인구의 14%를 차지하는 약 700만 명, 분단된 남한 최초의 거대 인구집단이다. 큰물이 지나간 곳에 큰 흔적이 생기듯이 베이비붐 세대의 성장은 대한민국 현대사에 큰 궤적을 만들었다. 아래 그림은 대략 그 궤적을 표시한 것이다.

베이비붐 세대의 생애와 대한민국의 변화

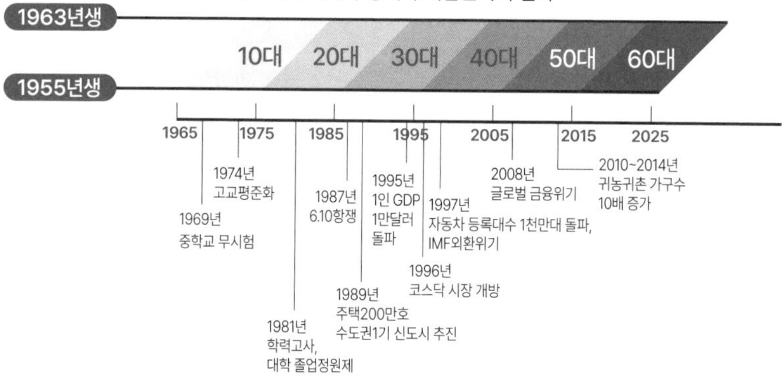

콩나물 교실에서 오전, 오후반 나눠가며 교육을 받았지만 베이비붐 세대가 초·중·고를 다닐 때 우리나라 교육의 기회와 평등성은 더 강화됐다, 베이비붐 세대가 2,30대가 되었을 때 그들은 유권자의 힘을 발휘하면서 대통령을 직선제로 뽑는 시민혁명을 만들어냈다. 6.10 시민혁명의 대학생, 넥타이 부대가 바로 베이비붐 세대다.

서울로 몰린 베이비붐 세대의 결혼은 일산, 분당 수도권 1기 신도시를 탄생시켰다. 고도 경제성장의 주역으로 1인당 GDP 1만 달러 돌파와 함께 코스닥 시장을 열고, IT강국 대한민국의 길을 열었다. 경제성장기 최대 소비자 집단으로 자동차 1천만 대 돌파의 막강한 구매력을 보여주기도 했다.

그러나 중년에 들어서 IMF 외환위기와 글로벌 금융위기를 맞게 되자 노동시장 재편의 피해를 겪으며 자영업 시장의 악화에 큰 영향을 미친 이들 또한 바로 이 베이비붐 세대다. 베이비붐 세대가 퇴직 연령층에 이르면서 도시를 떠나 귀촌하는 인구도 급격히 늘었다.

2023년, 베이비붐 세대의 막내인 1963년생이 환갑이 된 해이다. 노령층의 거대 인구집단으로 진출하기 시작한 베이비붐 세대는 국가재정의 큰 짐으로 여겨지는 처지가 되어가고 있다. 대한민국의 힘이었던 베이비붐 세대가 대한민국의 짐이 되어서야 되겠는가.

노령층에 들어선 베이비붐 세대는 지금까지도 그랬듯 앞으로도 대한민국의 각 분야에 좋든 나쁘든 어떤 새로운 궤적을 만들게 될 것이다. 나는 베이비붐 세대가 소멸위기의 시골을 살리는 새로운 공정귀촌 문화의 주역이 되기를 기대한다.

IMF 외환위기 이후 베이비붐 세대가 이른바 '사오정(사십 오세가 정년)'으로 퇴직이 늘었던 2000년대 초반, 베이비붐 세대의 장자인 1955년생이 기업의 일반적 정년 연령인 55세가 됐던 2010년 이후 도시를 떠나 촌으로 가는 이도향촌(移都向村) 인구가 늘었다.

물론 과거 도시화, 산업화 시대 이촌향도의 흐름에 비교할 바는 아니지만 농촌으로 도시민이 일부러 찾아가는 새로운 흐름이 생긴 것은 사실이다.

이즈음부터 심심찮게 등장하는 기사가 생겼다. 바로 농촌 원주민의 '텃세'를 고발하는 기사다. 그 이전에는 주로 운동경기에서 상대편의 홈그라운드 편파 운영에 대한 비유로 쓰이던 '텃세' 표현이 시골사람들의 집단적 몽니를 표현하는 단어로 사용되기 시작했다.

그런데 '텃세'를 부린다는 시골사람들은 오히려 도시민이 '위세'를 떨었다고 항변한다. '텃세'와 '위세'의 충돌. 누구 말이 맞는가를 따지기에 앞서 여론의 방향은 이미 결정이 나 있었다. 세상은 도시가 '갑'이기 때문이다. '을'이 '갑'을 이길 수 없듯이 촌의 '위세'론이 도시의 '텃세'론을 이길 수는 없었다.

재작년에 귀촌인인 나는 마을에 돈을 냈다. 마을회관을 짓기 위한 땅을 마련하기 위해 주민들이 십시일반 돈을 모은 것이다. 마을 주민은 자기 땅을 싸게 내놓고 주민들은 돈을 모아 그 땅을 샀다. 주민들의 공동체성에 감동하며 마을회관에 대한 상상의 나래를 펴다가 문득 이런 생각이 들었다. 나중에 마을회관이 지어지고 도시에서 귀촌한 사람이 있다면 그 사람에게 그동안의 노력에 대한 성의 표시로 마을발

전기금을 내라고 해야 하는 것 아닌가 하는…. 그러면 그 귀촌인은 내게 '텃세'를 부린다고 하지 않을까. 어디든 이사 가면, 사용하는 길이며 공동 공간이며 재산 관계가 깨끗하게 정리가 돼 있던 도시에서 살던 나로서는 생경한 경험이었다. 국가 공공서비스의 공백이나 시장경제가 하지 않은 일을 마을공동체의 힘으로 메꿔왔던 촌에서는 오래전부터 벌어졌던 상황이 내 앞에 놓인 것이었다.

7, 80년대 새마을운동 때 '마을 길'을 넓혔다. 지게 지고 다니던 길을 넓혀 트랙터와 차가 다닐 수 있는 길을 만들었다. 마을 사람들은 자기 땅을 돈도 제대로 받지 못하고 내놔야 했다. 길 넓히는 노임은 생각지도 않았다. 농촌공동체에서 늘 하던 울력이었다. 함께 일하고 먹고 놀고 일 마치면 함께 기뻐하고. 행정의 강권이 없지는 않았겠지만 함께 사는 이웃의 정이 있어 가능한 일이었다. 세월이 흘렀다. 마을 어른들이 십시일반 내줘 만든 길에 도시민들이 차를 끌고 다닌다. 밭일하느라 길에 트랙터를 세웠더니 경우 없이 길을 막았다며 고급승용차에 탄 도시 귀촌인이 훈계하고 지나간다. 그 길이 밭일하고 있던 농부의 아버지가 땅을 내놔 만들어진 길인데… 이 '위세'에 억하심정이 생긴 농부는 기회가 생기면 그 도시민에게 몽니를 부렸다. 영문을 모르는 도시민은 '텃세'를 고발한다.

네 땅 내 땅 경계 없이 서로 지나다니던 땅. 그 땅의 주인은 농가 부채에 땅을 경매에 잡혔다, 경매 낙찰받은 사람은 그 땅을 도시민에게 팔고, 땅을 산 도시민은 측량하고 자신의 영토에 확실하게 경계 짓고 담을 쌓는다. 그 담으로 다니던 길이 막혀버린 도시민의 '위세'에 울화가 치민 마을 주민들은 도시민을 이러저러하게 갈궜다. 농가 부채로 땅을 잃었던 촌민도 그중 한 명이다. 영문을 모르는 도시민은 '텃세'를 고발한다.

북미, 호주 등 백인들이 과거 원주민 지역을 개척 또는 강탈해 사는 지역에서는 최근 대학 행사, 비즈니스 회의 및 공식 문서에 관례적으로 사용되는 표현이 있다고 한다. 바로 'Land Acknowledgement'다. '원주민 토지 인정'이라고도 번역을 하는데 나는 이 번역이 적절치 않은 것 같다. 그 땅에 살았던 사람들, 땅의 맥락, 생태, 문화적 유산 등에 대한 경의와 감사의 마음을 담은 표현을 '원주민 토지 인정'이라고 번역하는 것은 너무 왜소하고 성의가 없게 느껴지기 때문이다.

나도 몰랐고, 알고 나서는 고개가 숙여졌던, 도시민으로서 농촌 땅에 대한 몰이해에 대해 반성을 하며 '공정귀촌'이라는 표현을 만들고 사용하는 내게 Land Acknowledgement가 관례화됐다는 얘기는 신선한 지적 충격이었다. 도시화, 산업화, 중앙집권, 서울 일극 중심, 수출중심 발전 논리 속에서 성장해 온 베이비붐 세대 귀촌인들은, 아니 도시민들은 황폐해진 촌의 땅과 촌민들에게 Land Acknowledgement의 마음을 갖고 실천 할 수 있을까? 이런 감수성을 갖기를 바라는 것이 과한 요구일까?

베이비붐 세대는 이전 노령층보다 교육수준이 높다. 대한민국을 IT 강국으로 만들며 경제 영토를 넓혔고 정치 참여를 통해 사회 변혁의 주역이 되기도 했던 386세대가 베이비붐 세대다. 7080문화의 주역도 역시 베이비붐 세대다. 정치, 경제, 문화 각 분야에 값진 경험이 있고, 자아실현의 욕구도 높은 베이비붐 세대가 Land Acknowledgement의 마음을 갖고 공정귀촌을 한다면 어떤 멋진 일이 생겨날까? 베이비붐 세대는 아직 약 2, 30년의 기대수명이 남아있다. 농촌에서 60대는 청년이다. 사적인 휴식만을 위한 촌으로의 이사 말고, 옆집에 누가 사는지도 모르는 전원주택의 삶이 아닌, 촌에 섬 같은 타운하우스를 짓고 사는 삶이 아닌, 이웃과 함께 생명을 길러내는 삶은 어떨까? 물과 공기를 만들어내는 땅과 생명체에 대한 경외심과 그 땅에서 공동체를 꾸리며 살았던 사람들에 대해 공감할 수 있는 역량이 있는 베이비붐 세대에게 난 지방소멸을 막을 희망이 있다고 생각한다.

| 신동진이 꿈꾸는 가평 | 

시민에서 촌민(村民)으로, 삶의 좌표를 바꾸는 일

서울의 좁은 월세방을 떠나 가평으로 내려온 어느 네 식구의 생활을 그려 본다. 아빠는 가평 읍내로 출근하고, 엄마는 협동조합 마을 식당에서 일한다. 지붕 20평을 마을 태양광발전소에 내어주고 매달 30여만 원의 햇빛연금이 지역 화폐 카드에 찍히는 날, 이 가족은 처음으로 '이 동네에 뿌리를 내렸다'는 기분을 맛본다.

이들은 더 이상 도시의 '임시 세입자'가 아니다. 햇빛으로 들어온 생활비를 동네 마트와 주유소, 분식집에서 쓰면서 동네 상인들과 친해진다. 아이들은 100원 택시를 타고 숲과 학교를 마음껏 오간다. 이 가족에게 '촌(村)'은 불편한 시골이 아니라, 생활의 좌표가 다시 그려지는 새로운 '기회의 땅'이다.

나는 '공정귀촌'을 제도보다 먼저 '관계의 언어'로 이해하고 싶다. '이곳에 와서 함께 살아 줄 수 있겠습니까'라는 마을의 요청과, '이곳을 내 삶의 집으로 삼겠습니다'는 귀촌인의 응답.

지붕을 빌려주고, 마을 식당에서 일하고, 아이를 지역 학교에 보내는 일은 그저 경제 행위가 아니라 마을에서 함께 산다는 의미다. 시민에서 촌민으로 옮겨 온다는 것은, 행정구역을 옮기는 일이 아니라 삶의 좌표를 바꾸는 선택이다. 도시의 욕망을 확장시키는 것이 아니라 촌스러운 삶을 선택하는 것이다. 이 '오래된 미래'를 선택한 가족이 불안 대신 자부심을 느낄 수 있도록, 가평군이라는 '마을 공화국'이 뒤에서 단단히 받쳐주어야 한다.

2부

촌과 도시가 함께 사는 길

팜파티 프로그램 진행 중인 신동진 저자(맨 왼쪽). 지역의 가평군에 딱 맞는 6차산업 모델로 팜파티(Farmparty)를 기획해 확산시켰다. 사진은 시범사업으로 도시민들을 초청해 팜파티를 진행하며 항사리 마을을 안내하는 모습.

촌과 도시가 함께 사는 길

2023년 5월 15일 칼럼

도시화, 산업화가 되는 과정에서 도시는 너무 먹어서 병에 걸렸고, 시골은 너무 못 먹어서 병에 걸렸다. 최근 큰 사회적 문제가 된 전세 사기가 도시가 걸린 중병이라면, 지방소멸의 문제는 시골이 걸린 중병이다.

이번 전세 사기의 피해자는 대부분 도시에 몰려있는 청년들이다. 이 청년들은 어디서 온 청년들일까? 돈을 좇아 도시로 간 촌의 청년들이 어떻게든 살 집을 구하려다 피해를 본 것은 아닐까?

경기도 31개 시·군의 소득 순위와 청년 인구 비율을 비교해 봤다. 놀라운 상관성을 확인할 수 있었다.

2022년 경기도 사회조사 자료에 의하면, 월평균 가구 총소득 400만 원 이상 소득 비율을 살펴보니 하위 4개 시·군 중에서 28위 가평군, 29위 여주시, 30위 양평군, 31위 연천군이다.

또 다른 자료 경기도청 주요 통계(2022.4분기)에서 경기도 청년(19세 이상 34세 이하) 인구 비율을 살펴보았다. 하위 4개 시·군 중에서 28위 연천군, 29위 여주시, 30위 가평군, 31위 양평군이다. 약간의 순위 변동은 있지만, 4개 시군이 정확히 일치한다.

소득이 낮은 지역에 사는 청년들의 숫자가 적은 것은 당연한 얘기다. 경제적으로 자립하려는 청년들이 돈벌이가 잘 되는 곳으로 옮겨가서 산다는 것은 너무나 자연스러운 현상이다. 문제는 순환이 되지 않고 있다는 점이다. 이러니 도시도, 시골도 병에 걸릴 수밖에 없다.

전세 사기는, 임시방편의 대증요법에만 집중하다가 키운 중병이다. 병을 낫게 하는 방법을 찾아야 하는데, 도시가 병을 더 키우고 있으니 문제가 해결되지 않는다.

사람은 순환이 안 되면 죽는다. 생태계도 마찬가지다. 우리가 겪는 기후재앙이나 전염병도 지구생태계의 순환시스템이 망가진 결과다.

사회도 마찬가지다. 과잉된 곳에서 결핍된 곳으로 순환이 이뤄져야 한다. 과잉과 결핍이 만나 상생해야 한다. 그래야 도시도 살고, 촌도 살고, 경기도도, 대한민국도 살 수 있다.

소득을 좇아 시골에서 도시로 사람들이 이동했듯이 이제는 도시에서 촌으로 이동이 이루어질 수 있도록 해야 한다. 이 정책이 정부 1년 회계연도에 맞춰 진행되거나, 공무원의 보직 기간에만 반짝하다가 단절되는 방식으로 하면 결코 성과를 기대할 수 없다. 중앙행정기관의 지방 이전이 지방 소멸 해소에 큰 기여를 못 하는 이유가 바로 여기 있다.

시골의 강점 자원을 발전시킬 수 있는 도시민을 발굴하고, 도시민이 스스로 계획을 세우는 것을 지원하고, 진정성을 갖고 제대로 계획을 세운 도시민이 귀촌 후 지역과의 협력 속에서 계획을 잘 추진할 수 있도록 동기부여를 해주어야 한다.

그리고 무엇보다 행정적 재정적인 지원을 통해 도시와 촌의 시·군이 서로 협력하며 중앙정부와 광역자치단체가 조정자, 촉진자 역할을 해야 할 것이다.

또한 원활하게 소통하고 지원이 이루어질 수 있도록 민과 관 사이의 중간지원조직도 있어야 한다. 촌은 촌대로 도시는 도시대로 이것저것 만들고 지원해봐야 지금까지 그래왔듯이 밑 빠진 독에 물 붓기가 되기 십상이다.

정책 추진은 단절되지 않고 순환해야 한다. 지금까지 도시화, 산업화는 순환의 고리를 끊어버린 채 그 공백을 메울 상품과 서비스를 통해 발전을 거듭해왔다. 그러나 우리는 그런 방식으로는 생존이 어려운 시대에 와 있다. 끊어졌던 순환의 고리를 다시 이어야 한다. 과잉과 결핍의 순환 고리를 만드는 것, 그것이 우리 사회가 걸린 중병을 근본적으로 치료하는 방법이 될 것이다.

농촌으로 유학 보내자

2024년 5월 28일 칼럼

밭일을 하며 땀을 흘릴 때 한 줄기 바람이 불어오면 그렇게 시원할 수가 없다. 그 바람에 기운을 얻어 힘을 내곤 한다. 그러면서 흥얼거리게 되는 노래가 있다.

산 위에서 부는 바람 시원한 바람
그 바람은 좋은 바람 고마운 바람
여름에 나무꾼이 나무를 할 때
이마에 흐른 땀을 씻어 준대요

동요 '산바람 강바람' (윤석중 작사, 박태현 작곡)이다. 어릴 적에 배운 노래지만 지금도 종종 흥얼거리는 걸 보면 어떤 연유로 내게 깊이 각인이 된 것 같다.

이 동요는 공간적으로 멀리 떨어져 있어도, 경험적으로 낯설어도 시골에 사는 사람과 도시에 사는 사람을 자연의 풍경 속에 불러들여 동병상련을 느끼는 공동체로 엮어주고 있다.

이 동요가 발표된 해가 1936년이었다고 하니, 이 동요 속 '나무꾼'

은 가족을 위해 땔감을 구하려고 애쓰는 전국 방방곡곡의 '아빠'의 모습이기도 했을 것이다. 도시로 나온 자녀들이 고향에서 자녀 학비, 생활비 만드느라 애쓰는 아빠를 그리는 마음이 담겼을 것 같기도 하다. 그래서 '나무꾼'이 남처럼 느껴지지 않는 정겨운 가사가 만들어졌겠구나 하는 생각도 든다. 이 동요 한 곡 속에 촌과 도시는 자연스럽게 연결돼 있었다.

그런데 요즘 아이들에게 물어보면 '산바람 강바람' 동요를 잘 모른다. 교과서에 실려 있어도 수업에서 빠지거나, 가르쳤어도 아이들의 공감을 얻지 못하고 있는 모양이다.

전 국민 대부분이 농사 지을 때 만들어진 동요가 고작 4% 정도 농업인으로 살고 있고, 전체인구의 90%가 도시에 살고 있는 시대에 공감 하기를 기대하는 것이 오히려 시대착오적 미련인지도 모른다.

이 글에서 동심을 말머리로 꺼낸 까닭은, 이 동요에서처럼 촌과 도시의 관계가 공생관계가 되기를 원하기 때문이다. 현실에서 촌과 도시의 공동체성이 사라지게 된다면, 대한민국의 소멸은 더욱 가속화될 것이다. 소멸 이전에 공멸하게 될까봐 두렵다.

기후열대화로 인한 식량 위기는 이제 단골 뉴스가 됐다. 식량 위기 시대에 생산자인 농민과 소비자인 도시민의 관계가 공생관계가 될 수 있을까? 말이 쉬워 공생이지 4%의 생산자와 96%의 소비자가 공생의 방정식을 만들 수 있을까? 공생보다는 압도적 다수의 힘으로 소비자의 욕구를 더 채우려 하지 않을까?

우리나라 산업화, 도시화의 질주 속에서 더 싼 먹거리와 노동력을 제공했던 기층구조로서의 역할을 떠맡아왔던 촌을 계속 그 자리에 두고자 하는 논리들이 더 횡행하지 않을까?

지난 4월 12일 이창용 한국은행 총재는 농산물 가격 상승에 대한 대책을 논의하면서, '참 불편한 진실인데, 농산물 등 물가 수준이 높은 것은 통화 재정 정책으로 해결할 문제가 아니다. 이제 근본적으로 생각해봐야 할 때다. 기후변화 등이 심할 때 생산자를 보호하기 위해 지금 같은 정책을 계속 수립할 것이냐, 이게 국민의 선택이라면 그렇게 할 수도 있고, 그게 아니면 수입을 통해 근본적으로 이런 문제를 해결할 수도 있다.' 라고 했다.

이 발언 속에서 농부는 투명인간처럼 느껴졌다. '국민의 선택' 이라는 선세를 날았지만, 4:96의 삶의 조건을 가진 '개방형 통상국가' 대한민국에서 그 선택이 어느 방향으로 갈지 불 보듯 뻔하지 않은가.

식량위기 뿐만이 아니다. 에너지와 쓰레기 문제도 역시 시골과 도시는 생산지와 소비지로, 발생지와 매립지로 곳곳에서 이해 충돌이 일어나고 있다. 이처럼 시골과 도시는 떼려야 뗄 수 없는 이해관계를 갖고 있다. 그 이해관계 속에서 갈등은 거국적으로 압제돼왔고 도시는 그 수혜지였다. 그러나 그동안 잠재되었던 갈등은 결국 지방소멸로, 저출생으로, 식량위기로 폭발하고 있다. 그럼에도 불구하고 여전히 이전의 산업화, 도시화, 개방형 통상국가의 성장 패러다임은 요지부동인 것처럼 보인다.

그렇다면 공생에 대한 바람은 어찌해야 하는가. 촌과 도시의 연결은 어떻게 해야 하는가. 이미 다양한 도농 교류, 도농 상생 정책들이 얘기되고 실행되고 있지만, 내가 이 글에서 얘기하고 싶은 정책은 농·산·어촌 유학(이하 농촌유학)이다.

농촌유학은 해외 유학을 가듯 도시의 학생들이 농촌으로 유학을 가는 것이다. 서울시교육청은 농촌유학을 '서울 학생이 일정 기간 흙을 밟을 수 있는 농촌의 학교에 다니면서 자연-마을-학교 안에서 계절의 변화, 제철 먹거리, 관계 맺기 등의 경험을 통해 생태시민으로 성장하도록 지원하는 프로그램'이라고 소개하고 있다.

기간은 6개월~1년이며, 현재 전라남도, 전라북도, 강원도와 협력하며 초등학생과 중학교 1, 2학년을 대상으로 추진 중이다.

조희연 서울시교육감은 2021년부터 전라남도교육청을 시작으로 2022년 전라북도, 2023년 강원특별도까지 유학 지역을 확대해왔다. 2021년부터 지금까지 1천50명의 학생이 참여했다고 한다. 서울시 초등학생 수 약 38만 명에 비하면 0.3%에 못 미치는 숫자이다.

그런데 참여 학생 수를 더 늘려도 모자를 판에 국민의 힘이 다수당인 서울시의회는 학생들의 학력 저하 등을 이유로 들며 농촌유학 예산을 삭감하고, 관련 조례인 '생태전환교육 활성화 및 지원에 관한 조례'도 폐지해 버렸다.

반면 소멸위기의 농·산·어촌 지자체들은 농촌유학을 유치하기 위해 열심이다. 촌과 도시의 이해관계가 농촌유학에서도 갈리고 있다. 농민 4% 대 도시민 96%의 관점, 식량과 에너지 생산기지, 쓰레기 처리지로서 촌을 바라보는 관점을 깨지 않고는 어디서든 반복될 수밖에 없는 사태다.

이창용 한국은행 총재의 말처럼 '이제 근본적으로 생각해 봐야 할 때다' 그 생각이 역시 기후재앙, 식량위기를 겪고 있는 해외에서의 식량수입으로 가서는 답이 없다.

농촌에 대한 바뀌어야 할 '근본적 생각'을 ≪사회적 농부(정기석 저)≫에서의 글을 인용해 정리해 본다.

> "오늘날 '사람 사는 독일 농촌'을 만든 독일은 사회적 합의로 국가 최우선 과제를 이끌어 냈다. 농촌부터 먼저 복원하기로 한 것이다. 농촌을 살리면 도시가 살아나고 마침내 국가가 살아난다는 사실을 잘 알고 있었다. … 농촌은 '사람과 자연과 조화롭게 살아가는 곳' 이라는 독일 농정 철학은 비로소 완성된다."

이런 근본적인 생각을 가진 도농 연대를 어떻게 만들어 낼 수 있을까. 그래서 농촌유학이 더욱 필요하다. 굳어버린 어른들의 관점을 바꾸는 것보다 미래세대에게 공동의 경험과 기억을 만들어 주고, 그 아이들을 통해 부모들의 생각을 바꾸어 촌과 도시의 연결고리를 만드는 것이 더 평화적이고 생산적일 것이라고 보기 때문이다.

서울시의 '생태전환교육 조례'가 폐지되었다 하더라도 '식생활교육은 국민이 영위하고 있는 식생활이 자연의 혜택과 식생활에 관여하는 모든 사람들의 노력으로 이루어지고 있다는 것을 인식하고 이에 감사하는 마음을 지닐 수 있도록 추진되어야 한다.'라는 규정이 있는 〈식생활교육법〉에 근거해 농촌유학을 추진할 수 있다고 본다.

이를 통해 서울시 전체 학생들이 농촌유학을 한다면, 관계인구 증가, 지역경제 활성화 등에도 한 몫을 담당해 농촌소멸 대응에 큰 기여를 할 것이라고 본다.

현 정부의 <대통령 소속 농어업·농어촌특별위원회>도 지난 3월 28일 <어린이 동아>와 함께 '농산어촌 유학 활성화를 위한 정책간담회'를 개최하기도 했고, 이 자리에 조희연 교육감을 비롯해 전국의 교육청 관계자들과 농식품부 관계자들이 참석했다고 하니, 보수 진보를 떠나서 농촌유학 지원에 대한 국가적 공감대는 확보되고 있다고 여겨진다. 그나마 다행스러운 일이다.

사실 농촌유학은 이전 곽노현 서울시교육감 때 전라북도, 강원도 교육청과 협약을 맺고 처음 시작한 정책이다. 나는 당시 곽 교육감을 보좌하며 이 정책 추진을 담당했다. 과밀, 과잉의 도시에서 벗어나 촌의 생태적 환경에서 아이들이 자라기를 바랐던 학부모들과 촌의 마을 활동가들이 이미 제도권 밖에서 추진했던 도농교류, 마을교육공동체 활동을 서울시교육청이 제도적으로 지원한 것이다.

농촌유학 정책을 추진하면서 나는 귀촌에 대한 걱정을 좀 덜 수 있었다. 생태맹(盲)이었던 내가 농촌에 가서 할 일을 농촌유학에서 찾았기 때문이다. 결국 내 공정귀촌의 시작은 농촌유학이 만들어 낸 것이나 다름없다.

지금 전국 방방곡곡에서 농촌유학이 활성화되기 위해서는 더 많은 공정귀촌이 필요하다. 얼마 전 감명 깊게 본 <SBS스페셜> '학전 그리고 뒷것 김민기'에서 내가 특히 인상 깊게 봤던 장면은 김민기가 연천군에서 은거할 때의 얘기였다.

그곳에서도 김민기는 낯선 촌사람들의 '뒷것'으로 기꺼이 살았다. 촌사람들과 어울리며 카메라 뒤에서 '뒷것'으로 지냈던 도시 지식인 김민기는 내가 바라는 공정귀촌인의 모습이었다. 지금도 그런 '뒷것'들이 촌에 많이 필요하다.

내가 공정귀촌 제안을 하는 것은 이 제안이 해법이라거나 어떤 큰 희망이 되기를 바라서가 아니다. 내가 쓴 글들을 읽어보신 분들은 알겠지만. 난 인류의 미래에 그다지 희망을 갖고 있지 않다. '거대한 전환'을 해야 한다고 하지만, '전환' 같은 연착륙적 변화가 해답을 내기에도 늦었다고 생각하기 때문이다.

수십 년 안에 종말이 올 기후재앙의 문은 이미 열렸다. 넘지 말자고 약속한 지구 온도 1.5도를 앞당겨 올려버린 인류는 지금도 지구 온도를 6도로 올리는 삶을 살고 있다. 코로나19 때처럼 파격적으로 단절을 한 상태로 산다 하더라도 재앙의 흐름을 멈출 수 있을까 말까 한데, 여전히 불타는 초가삼간에서 벼룩을 잡고 있기 때문이다. 벼룩을 안 잡을 수도 없는 노릇이긴 하다.

그렇다고 냉소적으로 살고 싶지는 않다. 사는 동안 아는 것만큼은 실천하며 살고 싶다. 부끄럽지 않게 살고 싶어서 더욱 내 몸을 다그치며 바쁘게 사는지도 모르겠다. 사람들은 내게 도대체 몇 가지 일을 하느냐고 하는데 내게는 다 한 가지 일일 뿐이다. 미안함을 조금이라도 덜어내는 일…. 이런 일에 좀 더 많은 사람들이 함께 한다면 우리 공동체가 기후재앙 앞에서 좀 덜 외롭지 않을까 하는 생각이 든다.

요즘 국민연금 개혁에 대해 논쟁이 있다. 모수개혁을 통해 국민연금 고갈 연도를 늦추겠다고 하는데, 그게 2055년에서 2070년으로 15년을 늦추는 것이라고 한다. 그 연도를 본 고3 내 딸은 이렇게 말한다. "사람들이 참 한가한 것 같아."라고.

동요 속에서 다시 우리의 삶이 서로 연결되기를 바라는 미련을 버리지 못해 또 한 편의 동요를 혼자 불러본다. 이 글을 읽는 방방곡곡의 남녀노소가 함께 불러보길 바란다. '모두모두 자란다'(1950년대 곡. 김대현 작사, 박재훈 작곡). 정말 촌과 도시가 모두모두 잘 자라기 바란다.

산산산 산~에~서 나무들이 자라고
들들들 들~에~서 곡식들이 자란다
조롱조롱 가~지에 과일들이 자란다
졸~졸졸 비 맞고 잘도 자란다
모두모두 자란다 시시때때 자란다
모두모두 자란다 우리나라가 자란다

맴맴맴 송~아~지 풀밭에서 자라고
꿀꿀꿀 꿀~돼~지 우리에서 자란다
새근새근 아~가는 엄마 품에 자란다
쭐~쭐쭐 젖 먹고 잘도 자란다
모두모두 자란다 쉬지 않고 자란다
모두모두 자란다 우리 살림이 자란다

베이비붐 세대가 서울을 떠나야 모두가 산다

2024년 7월 10일 칼럼

비가 내린다. 폭우 피해를 걱정한다. 예전 서울에 살 때는 폭우가 내리면 침수되는 시골이 걱정됐는데, 시골에 사는 요즘에는 침수되는 서울이 걱정이다. 2022년에 사망자가 발생했던 반지하 집에 지금도 사람들이 살고 있다고 하니 걱정이 안 될 수가 없다.

이촌향도(移村向都)민은 '나의 살던 고향은 꽃피는 산골'을 부르며 고향을 그리워했지만, 이도향촌(移都向村)민인 나는 '나의 살던 고향의 반지하 골목'을 걱정하고 있다. 젊은 시절 한 때 반지하에서 살기도 했고, 내가 서울을 떠나기 전에 살았고, 지금도 처가가 있는 곳이 바로 2022년 여름 반지하 침수 사망 사건이 났던 관악구이니, 나의 향수(鄕愁)와 반지하 거주민에 대한 근심이 서로 얽히는 것인지도 모르겠다.

<한국도시연구소>의 자료에 따르면 전국 반지하 가구 중 약 96%가 수도권에 몰려있고, 그중 약 66%가 서울에 밀집돼 있다고 한다. 관악구의 경우 전체 가구 중 지하 가구 비율이 8.1%다.

현재 내가 살고 있는, 비록 수도권에 속해 있지만 소멸 위기 지역이기도 한 가평군의 경우 0.2%다. 통계를 보면 대다수의 촌 지역은 다

1% 미만이다. 인구의 51%가 수도권에 몰려 살고, 약 92%가 도시에 몰려 살고 있는 우리나라의 현실에서 촌의 지하 가구 비율은 1%가 안 된다.

땅 밑은 사람이 사는 곳이 아니라 죽어 묻히거나 숨는 곳, 그리고 물건을 보관하는 곳이라는 상식이 화석처럼 남아있는 것 같다는 느낌도 든다.

얼핏 생각하면 높은 주거비와 치열한 경쟁에 치여 사는 도시의 삶에서 탈출해 촌에서의 삶을 선택하는 귀촌이 많이 늘어날 것 같기도 한데, 현실은 그렇지 않다.

지난 6월 25일 발표된 '2023년 귀농어·귀촌인 통계'에 따르면 귀농·귀촌 인구는 전년보다 각각 4.5%, 5.5% 줄었다고 한다. 그런데 이 하향세는 2022년부터 시작됐다. 귀농·귀촌인구가 각각 12.3%, 15.0% 줄었으니 2023년은 그나마 감소 추세가 완화된 편이다.

나는 '귀농'이라는 표현이 적절치 않고, '귀촌' 통계에 문제가 있다고 예전 '귀농이 아닌 귀촌, 그리고 공정귀촌' 글에서 밝힌 바 있지만, 위 통계가 전반적인 이도향촌의 흐름을 보여주는 데는 유효하다고 생각한다. 그리고 그동안 꾸준히 유지됐던 60대 이상 연령층의 이도향촌 흐름세가 약화된 것도 분명해 보인다.

정부관계자는 그 이유를 '도시 고령 취업자 증가' 그리고 '주소 이전 없이 참여할 수 있는 농촌 체험(농촌살기, 농막) 수요 증가'가 귀농·귀촌 인구 감소에 영향을 준 것으로 설명했다.

나이 들어서도 일할 수 있는 일자리가 도시에 있어서 귀촌이 줄어들었다는 설명을 보면서 '언젠가 서울에 가서 성공을 해서 돌아온다 약속했는데, 세상에 울고 웃다가 바쁘다 보니 꿈에서나 갈 수 있구나' 하는 송가인 '서울의 달' 가사가 씁쓸하게 떠오른다.

정부 관계자는 '2차 베이비부머('68 ~'74년생) 은퇴, 농촌지향 수요 지속 등으로 귀농·귀촌 흐름은 이어질 것으로 본다' 라고 희망 섞인 전망을 했는데, 과연 그렇게 될까? 정부는 1년 전 <2022년 귀농어귀촌인 통계> 발표 때는 '베이비 붐 세대('55 ~'63년생) 등 은퇴 연령층 증가, 도시민의 농촌에 대한 관심 증가 등 영향으로 귀농·귀촌 흐름은 이어질 전망' 이라고 발표했다.

'베이비붐 세대('55 ~'63년생)의 은퇴에 기대를 걸었다가 1년 만에 '2차 베이비부머('68 ~'74년생)' 은퇴로 기대의 대상을 바꿔버린 것이다. 1차 베이비붐 세대의 막내인 1963년생이 이미 60살이 넘었는데도 이도향촌 하향세가 이어지니, 계속 1차 베이비붐 세대의 탈도시가 늘어날 것이라고 기대하기 어려웠을 것이다.

이제 2차 베이비붐 세대의 막내인 1974년생이 60세가 되려면 아직 10년이 남았으니 귀농·귀촌을 늘려야 하는 담당부서 입장에서는 시간을 꽤 벌어놓는 전망을 한 셈이다.

그렇다면 향후 10년, 도시 집중 폐해를 조금이라도 해소하고, 촌의 재생을 도모할 수 있는 의미 있는 이도향촌의 흐름이 과연 증가할 수 있을까? 우리보다 먼저 초고령화, 저출생, 그리고 2014년부터 '지방창생' 이라는 지방 살리기 정책을 추진했던 일본의 상황은 어떨까?

지난 3월 발표된 한국은행 동경사무소의 동향분석 <일본 인구의

도쿄권 집중 현황 및 평가> 자료는, '2000년대 들어 도쿄권으로의 인구집중이 재차 심화되면서 지방 쇠퇴 및 인구감소의 중요한 요인이라는 인식이 확대' 되고 있다고 분석했다.

<총무성 인구추계>에서 보면 도쿄권은 꾸준히 인구가 늘고 있고, 오사카권과 나고야권은 정체 상태, 지방권은 2000년대 들어 크게 감소하고 있다. 해당 자료는 도쿄권 인구 집중의 특징으로 '진학 및 취업을 위한 15~29세 젊은 층의 도쿄권 이동', '남성보다 높은 여성의 유입 비중' 을 들며 '일본 정부의 지방 활성화 및 도쿄 집중 시정 노력에도 불구하고 고도화 산업 및 양질의 일자리 집적 등으로 당분간 가시적인 효과를 거두기 어려울 전망' 이라고 비관적인 전망을 했다.

청년층 특히 여성의 도쿄권 집중은 우리나라 수도권도 예외가 아니다. 그리고 일자리 집적으로 인한 사회적 전입의 증가도 우리 수도권과 다를 바가 없다. 앞서 살펴 본 우리나라 귀농·귀촌 추세 감소에서 보듯 일자리가 늘어서 사회적 전출을 감소시켜 인구 증가를 가속시키고 있는 것도 도쿄권과 우리 수도권이 같은 모양새다.

도쿄권의 인구 비중은 약 30%, 우리나라 수도권은 약 51%다. 이미 일극화? 양극화가 더 심화된 우리나라에서 일본이 못 이룬 인구 분산을 과연 이뤄낼 수 있을지 의문이다.

이와 관련해 최근 서울주택도시공사(SH)가 추진하고 있는 '골드시티' 사업의 귀추를 주목하게 된다. 사업 이름이 마음에 들지는 않지만, 그 취지인 '상생형 순환주택사업' 이 의미 있는 결과를 만들어내면 좋겠다.

'골드 시티' 사업 계획은 아래와 같다.

서울시와 SH는 주택을 보유하고 있는 은퇴자와 주택연금 등을 연계하여 인구소멸 지역에 고품질 주택과 관광·휴양·요양·의료·교육시설을 조성한다. 도시에서 전입한 은퇴자에게 생활비를 지급한다. 기존 서울의 주택은 SH가 매입 또는 임대해 청년이나 신혼부부 등에게 공급한다. 지방의 해당 지자체는 전입자에게 지역거점시설과 연계한 경제활동과 지역 교류 프로그램을 제공한다.

서울에 살며 귀향과 귀촌을 꿈꾸지만, 경제적 이유로 실행을 하지 못하는 도시민들을 견인하기 위한 고민이 배어있다는 점에서 이 사업을 높이 평가한다.

지방이 살아야 나라가 산다는 믿음으로 관련 저술활동을 활발히 하고 있는 마강래 중앙대 교수는 ≪베이비부머가 떠나야 모두가 산다≫ 책에서 '베이비붐 세대는 사상 최대의 부동산 가격 급등을 몸소 체험한 세대'이면서 '우리나라의 허약한 복지제도 때문에 부동산을 놓지 않는' 세대라고 했다. 또, '부동산 부자이긴 한데 당장 쓸 수 있는 돈은 없는, 은퇴 후 돈 많은 빈곤층으로 전락할 가능성이 큰' 세대라고도 했다.

마 교수는 주택연금 사용과 세제 혜택, 의료 서비스 확충 및 지방 지역사회와 연계하는 사업을 제안하고 있다. 비워지게 되는 서울의 주택을 청년들이 사용할 수 있게 하자는 제안이다.

내가 크게 공감했던 마 교수의 제안이 '골드 시티' 사업에 참고가 됐는지는 모르겠으나 작년 11월 서울시, 강원도, 삼척시와 SH, 강원

개발공사가 MOU를 체결하며 사업을 시작했고, 앞으로 전국적으로 확대 추진할 예정이라고 한다. 정파적 편견을 버리고 이 사업에 대한 검증과 협력이 제대로 이루어지면 좋겠다.

시골에서 공부머리나 일머리가 있는 주민들은 대부분 서울을 비롯한 대도시로 가버렸고, 그나마 있던 마을 일꾼들도 이제는 7,80대 어르신이 되어버렸다. 촌에서 일을 꾸리고 있는 나로서는 귀촌인들과 함께 일할 수 있다면, 큰 힘을 얻게 될 것 같다. 전국의 다른 마을활동가들도 비슷한 기대를 갖고 있지 않을까.

얼마 전에 내가 일하고 있는 사회적협동조합은 가평군으로부터 '청정계곡 하천유지관리 사업'을 위탁받았다. 이 사업은 과거 이재명 경기도지사 시절, 지역 주민들이 설치해 놓은 불법시설물들을 철거하고 계곡과 하천을 시민들의 품으로 돌려줘 크게 주목받았던 사업의 후속사업이다.

그 사업을 시행한 후, 도시민들은 계곡을 마음 편히 사용할 수 있게 되었지만, 계곡 관리나 지역 주민의 경제 사정은 악화되었다고 한다. 그래서 이 문제를 해결하고자 해당 계곡과 하천변 주민들이 직접 하천을 관리하며 소득 프로그램을 발굴하고 경제공동체를 만들어가도록 지원하는 사업이었다.

6개월간 경기도 생활임금과 4대 보험, 그리고 추석상여금이 지급되는 사업이었으므로 65세 미만인 사람 중에서 함께 할 수 있는 주민을 찾아봤다. 그런데 사람을 구할 수가 없어서 연령 제한을 풀 수밖에 없었다. 그만큼 고령화가 심화됐다는 얘기다.

참여하신 분들이 마을과 계곡을 청소하는 등, 관리를 잘 해주고 계시지만, 이분들과 소득 프로그램을 개발하고 추진하기에는 현실적으로 어려움을 느끼고 있었다. 이럴 때 지자체가 이런 사업에 참여할 수 있는 도시 귀촌인들을 연계해 주고 그분들이 살 수 있는 집을 마련해 준다면, 촌의 재생에 큰 도움이 될 것이다.

물론 사업 초반에는 '왜 굴러온 돌에게 혜택을 주느냐' 는 민원이 생길 수도 있다. 해당 지역 출향민들에게 먼저 사업에 참여할 수 있는 기회를 주거나, 새로 만들어지는 '골드 시티' 의 시설과 서비스를 선주민들도 편하게 사용할 수 있도록 해주고, 공동체 프로그램을 활성화 하는 등의 노력을 기울이면 좋을 것이다. 특히 의료시설은 현지의 고령 어르신들에게 큰 도움이 되리라 생각한다.

사업이 잘 진행돼 서울의 반지하 월셋방에서 눅눅하고 불안한 삶을 살고 있는 청년들이 지상의 주택에서 화창한 햇살을 받으며 살아갈 수 있는 전기가 마련되면 좋겠다.

새로운 미래의 삶, '촌(村)스러움'을 선택하다

가평에 사는 4인 가족의 아침을 다시 그려본다. 이들은 서울로 출근하기 위해 새벽밥을 먹고 버스 전쟁을 치르는 사람들이 아니다. 오히려 서울의 숨 막히는 속도가 버거워, 가장 '촌스러운' 삶을 찾아 이곳에 온 사람들이다.

아빠는 꽉 막힌 도로 위에서 시간을 버리는 대신, 마을 공유 오피스에서 흙 묻은 장화를 신은 채, 전 세계와 연결되어 일한다. 엄마는 대형 마트에서 비닐로 포장된 채소를 사는 대신, 텃밭에서 갓 딴 상추와 이웃이 나눠준 호박으로 건강한 밥상을 차린다.

아이들은 만원 지하철에 실려 다니는 대신, 숲과 강이 만든 거대한 교실에서 생명을 배운다. 도시의 교과서가 가르쳐 주지 않는 '자연의 순환'을 온몸으로 익힌다.

우리가 말하는 '촌스러움'은 뒤처짐이 아니다. 그것은 '대량생산과 대량생산'이기보다 순환하고, 경쟁하기보다 공존하며, 속도보다 방향을 먼저 생각하는 '오래된 미래'의 삶이다.

도시가 거대한 기계라면, 촌은 살아 숨 쉬는 생명이다. 가평군은 서울의 위성도시(Bed Town)가 되기를 거부한다. 그 대신 기계 부품처럼 살기를 거부한 사람들이 찾아와 '인간답게 사는 법'을 회복하는 해방구가 될 것이다. 나는 이것이 가장 전위적(Avant-garde)이고, 가장 힙(Hip)한 삶이라고 믿는다. 가평은 촌이라서 당당한, 새로운 문명의 표준이 될 것이다.

3부

공정귀촌인의 촌스러운 이야기

문화체육관광부 관광두레PD시절. 팜파티 협동조합의 연합체인 <가평팜파티슬로우사업단>을 만들어 서울 성북구에서 열린 세계음식축제에 참여했을 때의 모습. 가장 젊고 현장에서 유일한 남자, 그것이 과소화, 초고령, 저소득의 3중고를 겪고 있는 가평군에서의 내 일상이기도 했다.

김매며
별 별생각을 다 한다

2023년 6월 7일 칼럼

요즘 자주 듣는 소리는 예초기 돌리는 모터 소리다. 24절기 중 여름의 절기인 입하(立夏)를 지나 소만(小滿), 망종(芒種)을 지날 즈음이면, 풀이 무섭게 올라오기 시작한다. 그러다가 각종 작물의 모종을 심을 때는 어느새 풀이 흙을 다 차지하고 있다. 작물보다 빨리 자라는 들풀을 부지런히 베어주지 않으면 작물이 제대로 자랄 수 없다.

씨를 뿌리거나 모종을 심으려는 두둑 주변 흙바닥을 아예 비닐로 덮어 원천봉쇄하지만, 작업을 위해 다니는 길에 나는 풀은 베어주는 수밖에 없다. 예초기가 시원시원하게 풀을 베어줘도, 한 번으로 끝나지 않는다. 풀이 또 자라기 때문이다.

그래도 예초기 덕분에 후두두 잘려 나가는 풀을 보면 그 순간 스트레스가 풀린다. 예초기를 사기 전에 낫으로 힘들게 풀을 베었던 때를 생각하면, 신형무기를 장착한 나 자신이 우쭐해지기도 한다. 그런데 땡볕에 안전장비를 두른 채 무거운 예초기를 들고 해야 하는 작업이 만만치 않다.

농사를 '풀과의 전쟁'이라고 한다. 베는 것은 임시방편이고 다시 자라지 않게 하려면 뿌리를 없애줘야 한다. 우리 속담이 '호미로 막을 일을 낫으로 막는다'가 아니라, '호미로 막을 일을 가래로 막는다'가 된 이유다.

서울에서 살 때 이 속담을 가끔 사용하기도 했지만, 호미와 가래로 무엇을 막는다는 건지 구체적으로 생각해 본 적이 없었다. 그런데 그 막아야 하는 무엇이 풀이었음을 귀촌해서 농사를 지으며 알았다. 내게는 큰 깨달음이었다.

가래는 흙을 삽처럼 뜨는 농기구이다. 삽처럼 생긴 자루에 줄을 묶어 사용하는데, 양쪽에서 줄을 당기는 줄꾼 두 사람과 자루를 잡고 흙을 뜨는 한 사람이 있어야 가래질을 제대로 할 수 있다. 풀 하나 없애는데 세 사람이 매달려야 할 만큼 어떤 풀은 뿌리가 깊고, 어떤 풀은 뿌리가 넓게 퍼져 있어서 한 사람 힘으로는 뽑아내기 어렵다.

달맞이꽃은 뿌리가 깊고, 쑥, 바랭이 등은 뿌리가 뻗어나가며 줄기가 올라와 없애기가 쉽지 않다. 또 어떤 풀은 자라면서 줄기가 점점 단단해져 낫으로도 베기 어렵다. 결국 뿌리를 제거해야만 한다. 특히 임금님의 하사품이었다는 '청려장 지팡이'를 만드는 명아주는 한해살이 풀인데도 줄기가 엄청나게 단단하다. .

대부분의 나무가 틔우는 새싹은 연하지만, 새싹이 자라 줄기가 되면 단단해진다. 뽕나무는 뿌리가 깊어서 캐기도 쉽지 않다. 바쁜 농사철에 장부가 세 명 이상 달려들어 뿌리를 떠야 할 정도이니 보통 일이 아니다. 그러므로 제때 김을 매줘야 한다. 그래야 고생을 피할 수 있다. 이때 김을 매주는 농기구가 바로 호미다.

최근에는 'K-농기구'라 불릴 정도로 해외에서도 잘 팔린다는 우리 농기구 호미. 호미는, 갖가지 찬거리가 될 식재료를 텃밭에서 가꾸어온 우리네 할머니와 어머니의 애환이 서린 농기구이기도 하다.

우리 옆집에도 할머니가 사신다. 올해 102세(2023. 6 글 기고 당시)이신데 지금도 종종 밭에 계신다. 그분 손에도 역시 호미가 들려있다. 자식들은 밭일을 이제 그만 하시라고 하지만, 이 어르신은 빈 밭과 밭에 난 풀을 가만히 두고 볼 수가 없으신 모양이다.

연로한 할머니가 풀에 지지 않고 농사를 지을 수 있는 이유는, 제때 흙을 긁어주기 때문이다. 이처럼 농사는, 때가 중요하다. 농부가 1년 중 농사를 짓느라 쓰는 시간의 절대량은 많지 않지만, (법적으로 농업인의 자격조건은 '1년 중 90일 이상 농업에 종사하는 자'다) 제때 해야 할 일을 하지 않으면 그해 농사를 망치게 된다.

김매기와 관련해 이런 옛말이 있다. '상농(上農)은 풀을 보지 않고

할머니는 오래된 키를 버리지 않고 보수해서사용하신다.

김을 매며, 중농(中農)은 풀을 보고 비로소 김매기를 하며, 풀을 보고도 김매기를 하지 않는 것은 하농(下農)이다.' 풀이 다 자란 다음에 비로소 예초기로 풀을 베는 것이 하농이고, 호미로 어린 풀을 긁어주는 것이 중농이라면 상농은 어떻게 하는 것일까? 풀씨가 뿌리를 내리기 전에 아예 없애는 것이라면, 늘 쓸어주는 것일까? 그런데 일반 농사에서 매일 밭을 쓸어주기는 어렵다.

생각해보니 늘 비질을 하는 사람이 있긴 하다. 바로 절에 계시는 스님이다. 절에 가면 빈 마당을 쓰는 스님들을 종종 보게 된다. '쓰레기 하나 없는 마당을 뭘 저리 계속 쓰나?', '초짜 스님 마음 수양시키려고 저 일을 시키나?', '저게 무위(無爲)의 위(爲)고, 무용(無用)의 용(用)인가' 등의 생각을 혼자 하곤 했었다.

그런데 생각해보니 사찰 마당이 풀 하나 없는 흙마당이 될 수 있었던 이유는, 그렇게 매일 풀씨를 쓸어내어 뿌리내릴 틈을 주지 않는데 있었다. 그런데 도시에서 태어나 농사라고는 아무 것도 알지 못하고, '김매기' 라는 단어 뜻조차도 잘 몰랐던 내게 마당 쓸기는 그저 종교적인 수양처럼 보였던 것이다.

요즘은 사찰에 갔을 때 마당에서 풀이 눈에 띄면, '음… 이 절 스님들은 마당 쓸기를 게을리하는군' 이라고 혼자 생각하곤 한다.

인적 없고 고즈넉한 산사의 아침, 마당을 쓸고 있는 스님이 마당에서 농사를 짓는 것은 아니니 그 모습이 상농의 모습인지는 모르겠으나, 적어도 김매기 최고수로는 보인다.

나는 여전히 상농이 무엇인지 모른다. 중농 급의 농사도 짓지 못하고 있다. 하지만 서툴게나마 순환농법으로 토종씨앗 농사를 지으며 드는 생각이 있다. 잡초와 작물의 경계 없이 모두 다 취한다면, 그것이 상농이 아닐까 하는 생각이다.

사실 잡초인지 작물인지 그 결정은 사람이 한다. 내가 상추를 기르는데 쑥이 나오면 쑥이 잡초요, 쑥을 기르는데 상추가 나오면 상추가 잡초가 된다.

서울에 살 때는 마트에서 파는 채소가 건강하고 안전한 음식이라고 생각했지만, 지금은 바뀌었다. 들과 산에서 자생하는 풀들에게 더 믿음이 간다. 먹을 수 있는 풀, 몸에 좋은 풀이 지천이다. 도시에 살 때는 이것도 모르면서 내가 모르는 풀은 그저 '잡초' 라는 한마디로 편하게 불렀다.

예전에 성경 마태복음 6장 26절 "하늘에 있는 새를 보아라. 새는

심지도 않고, 거두지도 않고, 창고에 쌓아 두지도 않는다. 그러나 하늘에 계신 너희 아버지께서 새들을 먹이신다. 너희는 새보다 훨씬 더 귀하지 않으냐?" 구절을 읽으며 생각했다. 사람이 새와 같으냐고, 들판에 그냥 먹을 게 어디 있냐고, 요즘에는 씨알도 안 먹힐 허무맹랑한 구절이라고…. 하나님이 새보다 인간을 더 소중하게 여기니 당연히 사람에게 더한 먹을 것을 챙겨줄 것이라는 말은 내게 설득력이 전혀 없었다.

그런데 지금은 봄이 되면 밭에서 마구 올라오는 풀을 감사한 마음으로 먹고 있다. 부지런히 먹는데도 그 엄청난 양을 우리 가족이 감당할 수가 없다. 하나님이 자연을 통해 인간이 먹을 것을 엄청나게 챙겨주시는 셈이다. 이제 보니, 내가 무시했던 성경 구절이 허튼 말이 아니었다.

내가 그 풀들을 식용으로 다 사용하지 못하지만, 순환농법으로 농사를 짓다 보면 버릴 풀이 없다. 크게 자란 풀은 베어서 흙을 덮는 데 쓰거나, 퇴비로, 혹은 말려서 불쏘시개로 사용한다. 이렇게 사용하지 않으면 흙을 덮기 위해 비닐을 사야하고, 퇴비 대신 화학비료를 사야 한다. 자연의 것들은 자연스럽게 다 사용할 곳이 있다는 게 내가 농사를 지으며 깨달은 것이다.

이런 것을 알게 된 후, 내가 모르는 풀을 보게 되면 '잡초'라는 말 대신 '들풀'이라고 부른다. '잡초'는 사람 중심의 주관적인 낙인이지만, '들풀'은 그 이름을 모르기에 객관적 사실을 말해주는 단어이다. 내가 모른다고 해서 그 개체의 존재를 무시할 수는 없다. 어떤 풀을

'들풀'이라 부르는 순간, 그 '들풀'의 이름이 궁금해진다. 이 지구별에 같이 세 들어 사는 처지에 서로 통성명도 못 한 것이 문득 미안해진다.

나는 '귀농'이 아닌 '귀촌'을 해야 한다고, 더 나아가 '공정귀촌'을 해야 한다고 얘기한다. 농업이 첨단 미래산업으로 지속돼도, 사람이 사는 농촌은 없어질 수도 있기 때문이다. 농업은 사람 한 명 살지 않는 드넓은 공간에서 스마트(?)하게 이뤄질 수도 있을 것이다.

자본주의는 인간이 '만물의 영장'이라며, '인간이 자연과 어떤 관계성도 없이 스스로 존재한다'는 사람 중심의 근대적 사고체계를 바탕에 두고 있다. 그리고 지금의 민주주의는 그 일을 '더 높이, 더 빨리, 더 강하게' 해치울 수 있다고 생각한다. 김매기를 하며 별생각을 다 한다. 지구별 생각을 한다.

촌에서 먼저 겪는 우울한 미래

2023년 8월 29일 칼럼

달리기 경주에서 한 줄로 뛰다가 뒤로 돌아 뛰게 되면 꼴등이 일등이 되기도 한다.

나는 중앙집권체제 속에서 산업화 도시화 혜택을 받으며 맨 앞자리를 자지했던 서울특별시에서 나고 자랐다. 그런 내가 경기도에서 가장 고령화 되어 저소득, 과소화의 어려움을 겪으며 소멸 위기에 처해있는 가평군에 왔을 때, 일등 지역에서 살다가 꼴등 지역으로 온 것 같은 느낌이 들었다.

현재 대한민국을 규정하고 있는 메가트렌드는 인구소멸 위기이다. 가평군은 서울보다 먼저 인구소멸의 위기를 경험하고 있다는 점에서, 인구소멸이라는 경주에서는 마치 뒤로 돌아 뛰었을 때 꼴등이 일등이 되는 곳이기도 하다. 가평군에서 나는 본의 아니게 대한민국이 가게 될 미래를 먼저 겪으며 살고 있다.

대한민국은 2017년 65세 이상 고령 인구가 15세 미만 유소년 인구보다 많아졌다. 가평군은 11년 앞선 2006년에 이를 경험했다.

대한민국은 2025년 초고령사회(65세 이상 인구가 전체 인구의

20% 이상)에 진입할 것으로 예상되는데 가평군은 2013년 초고령 사회에 진입했다. 이처럼 가평군이 대한민국보다 대략 10년 정도 앞서서 인구 구조 변화를 겪는 것으로 보인다.

현재 가평군의 65세 이상 비율은 29%다. 앞으로 10년 뒤면 촌에서 만나는 사람들 두 명 중 한 명 정도는 65세 이상이 될 것 같다. 이런 인구 구조는 대한민국을 어떻게 만들까? 현재 가평군의 상황을 나타내는 지표로 추측을 해보려고 한다.

아래 표는 경기도 31개 시·군 중 노령화지수(65세 이상 인구 수 / 0~14세 인구 수 100)가 가장 높은 6개 시·군의 현황이다.

지자체	가평군	연천군	양평군	포천시	여주시	동두천시
노령화지수	317.11	290.63	265.8	226.27	222.17	195.83

출처 : 인구 소멸위험 대응 연천군 발전전략 연구(경기연구원, 2022.6)

65세 이상인 주민 3백 명 쯤을 봐야 어린이 한 명을 만날 수 있는 곳이 지금의 가평군이다. 10년 쯤 뒤 대한민국의 모습이 될 것이다. 이런 높은 고령층 비율은 당연히 소멸위험지수(20~39세 여성 인구 수 / 65세 이상 고령인구 수)에도 영향을 미친다.

태어날 아이의 수보다 돌아가실 어른의 수가 더 많을 가능성이 높은 곳, 그래서 자연적인 소멸의 가능성이 높은 곳, 경기도 31개 시·군 중 가장 소멸위험지수가 높은 지자체 현황이다.

지자체	가평군	연천군	양평군	포천시	여주시	동두천시
소멸위험지수	0.29	0.29	0.3	0.44	0.4	0.48

출처 : 인구 소멸위험 대응 연천군 발전전략 연구(경기연구원, 2022.6)

이 중에서도 역시 가평군이 소멸위험도가 가장 높다. 여주시와 포천시의 순위가 바뀌었지만, 노령화지수가 높은 6개 시·군이 역시 소멸위험도가 높은 지자체에 그대로 이름을 올렸다. 이런 인구 구조는 지역발전의 큰 저해요인이기도 하다. 아래 표는 경기도가 개발한 지역균형발전지수 최하위의 지자체 현황이다.

지자체	가평군	연천군	양평군	포천시	여주시	동두천시
지역균형발전지수	-13.54	-10.84	-13.15	-9.69	-8.02	-5.18

출처 : 경기도 지역발전지수 분석 및 균형발전 정책개발 연구(경기연구원 2018. 12)

경기도의 지역균형발전지수는, 인구 분야를 비롯해 5개 분야 10개 지표를 넣어 개발한 지수이다. 인구 구조가 열악한 6개 시·군이 고스란히 지역균형발전지수에서도 하위권을 차지하고 있다. 이 표를 보면, 저출생 고령화된 인구 구조의 규정력이 다른 지표에도 적지 않은 악영향을 미치고 있는 것으로 보인다.

대한민국의 인구 구조보다 10년을 앞서 살고 있는 가평군의 열악한 지표를 보고 있으면 K-pop을 필두로 대한민국이 지금 누리고 있는 'K 프리미엄' 을 10년 뒤에도 누릴 수 있을지 의문이 든다.

2005년 〈저출산 · 고령사회기본법〉이 제정되어 대통령 직속으로 '저출산 · 고령사회위원회'가 만들어졌고 지난 17년간 수백 조의 예산이 사용됐다고 하지만, 정말 제대로 된 노력을 했다는 생각이 들지 않는다.

그동안 대한민국의 소멸 위기는 더욱 심화됐다. 지금 우리나라에서 논의되는 이슈 중에서 기후위기와 함께 가장 본질적인 위기가 인구소멸이다. 기후위기가 전 지구적인 해법이 필요한 문제라면 인구소멸 위기는 우리나라만의 특화된 해결 방법이 필요한 문제라는 점에서 우리 정부의 책임과 역할이 더 크다. 정권의 명운을 걸고 전력을 기울인다 해도 원하는 성과를 낼 수 있을까 말까 한 이 문제를 윤석열 정부가 해결할 것으로 보이지도 않는다. 결국 10년 뒤 우리는 축 처져 운신조차 힘든 대한민국의 모습을 보게 되진 않을지….

여기에 더해 내가 더욱 걱정하는 것은 바로 독선적 관치 행정으로 인한 민주주의의 후퇴다. 고령화, 저소득, 과소화의 상황은 필연적으로 복지행정 수요를 늘리게 될 것이고 그로 인해 공무원의 수도 늘고 관련 예산도 늘어나게 될 것이다.

이미 그 현상이 생기고 있음이 통계로도 확인이 된다. 아래 표는 2020년 경기도 시·군 단위 경제활동별 지역내 총생산(GRDP)의 '총부가가치(기초가격)' 중 '공공 행정, 국방 및 사회보장 행정' 부분의 비율이 높은 지자체의 현황이다. 이 부분의 산출액은 정부의 각종 서비스에 들어가는 보수, 연금, 사업비 등이 계산된다.

지자체	가평군	연천군	양평군	포천시	의정부시	수원시	과천시
비율	26.63	44.51	18.96	14.44	16.19	16.26	30.9

중앙정부 청사가 있는 과천시, 경기도청이 있는 수원시와 의정부시를 빼면 소멸위험지수가 높은 지자체가 '공공 행정, 국방 및 사회보장 행정' 분야의 지출이 지역내총생산에서 차지하는 비중이 높다는 것을 확인할 수 있다.

연천군의 경우는 군부대가 있어서 그 비율이 더욱 높게 계산된 것으로 보인다. 네 개 시·군의 데이터를 2015년 데이터와 비교하면 네 지역 모두 그 비율이 높아졌음을 아래 표로 확인할 수 있다.

지자체	가평군	연천군	양평군	포천시
2015년	21.6	41.9	18.4	12.6
2020년	26.63	44.51	18.96	14.44

위 네 지역 중 연천군, 가평군, 양평군은 '공공 행정, 국방 및 사회보장 행정' 분야의 부가가치 비중이 농·임업, 제조업, 도소매업, 숙박음식점업, 부동산업, 건설업 등 다른 15개 경제활동의 부가가치를 제치고 가장 높다.

지역 내에서 만들어지는 부가가치 중에서 행정을 통해 지출되는 공적이전소득이나 보조금 등이 가장 큰 비중을 차지하게 되면 주민이나 사업체들은 행정에 더욱 의존하게 되고 눈치를 보지 않을 수 없게 된다. 그렇지 않아도 각종 인허가권으로 인해 큰 영향력을 가진 행정이 직접적인 경제활동에서도 큰 비중을 갖게 된다면 그 영향력은 가히 슈퍼 갑 수준이 될 것이다. 과소화된 지역을 살려야 하고, 한정된 예산을 써야 한다면서 '선택과 집중', '생산성과 효율'이라는 전가의 보도를 꺼내 들며 예산을 관리하게 될 행정은 주민의 시간에 맞추기보다는 행정의 시간표에 맞춰 예산을 쓰게 될 것이기 때문이다.

법으로 정해진 모든 민관 협치적 제도들은 지금보다도 더 장식품으로 전락할 가능성이 높다. 더불어서 풀뿌리 주민자치가 고사될 위험도 커질 것이다. 지금 가평군에서 사는 내가 느끼는 민주주의의 위기다.

우리나라 공직 사회의 힘은 막강하다. 과거 조직화된 엘리트 집단인 군부가 쿠데타를 일으켜 민정을 뒤엎었던 것처럼 지금 정부도 역시 조직화된 엘리트 집단인 공직사회가 대한민국의 민주주의를 절단내고 있다. 그나마 합법의 울타리 안에서 교활하게 힘을 키웠던 공직사회의 카르텔은 이제 합법의 선마저 넘나들며 힘을 과시하는 위험한 상황에 대한민국은 처해있다. 이러한 윤석열 정부의 모습은 내가 가평군에 와서 느꼈던 촌 행정의 모습을 닮았다.

지역에 사는 주민들보다도 학력이 높고, 정보가 많고, 공공적 판단력과 애향심도 많다고 자신하며 지역의 일은 행정이 책임지고 해야 한다는 선민의식으로 무장한 행정의 모습. 여기에 비합리적이거나 탈법적인 특혜나 실책을 학연, 혈연, 지연의 고리로 또는 또 다른 사업의 기회를 주면서 은근슬쩍 넘어가는 그들만의 카르텔 속에서 집행됐던 행정의 모습과 닮았다.

그 속에서 주민들은 생존을 위한 비겁과 아부 그리고 체념에 익숙해져왔고, 주민들은 파편화되고 기회주의자들이 득세해 왔다. 그 와중에 사용된 수백조의 저출산 고령화 대응 예산들은 마치 쌓다가 부수는 모래성처럼 사라져 버렸다.

고령화, 저소득, 과소화가 심화하면서 복지 정책이라는 이름으로 행정의 역할도 커지고, 그 힘도 커질 것이다. 그 커진 힘이 어떤 모습을 보일지 궁금하다.

대한민국의 메가트렌드가 바뀌니 가평군에서 의도치 않은 선진지(?) 체험을 하게 된 셈이다. '오래된 미래'는 이런 모습으로도 경험하게 되는 모양이다. 이 선진지가 절망의 선진지가 아닌 희망의 선진지가 되기를 바란다.

풀빌라, 풍요 속 빈곤

2024년 4월 16일 칼럼

나는 마을 사업 지원을 위해 가평군 구석구석의 마을들을 자주 돌아다닌다. 그 과정에서 눈에 띄는 것이 있다. 바로 하천, 계곡 주변에 생기는 풀빌라(Pool Villa)의 등장이다. 풀빌라는 객실마다 수영장 또는 온천이 딸린 숙박시설이다. 구글 트렌드로 '풀빌라'를 검색하면 검색량이 2020년부터 전국적으로 급등했다. 코로나19가 밀폐형 레저 문화를 만든 것인지도 모르겠다.

경기도에서는 가평군의 검색량이 타 시군에 비해 4배가량 압도적으로 높아 1위다. 경기도의 지붕이라 일컬어질 정도로 1,000미터 넘는 높은 산들이 즐비해 계곡이 깊다 보니 여름철 계곡을 찾는 피서객들이 많다. 그 계곡들에 풀빌라 펜션들이 들어서고 있다. 예전에는 계곡의 물에 들어가서 놀다가 샤워하고 자기 방으로 갔다면, 이제는 계곡을 바라보며 자기 방의 풀에서 즐기는 세태로 바뀐 것이다. 촌에서 촌스러운 피서를 하기보다는 도시의 인공을 옮겨놓는 피서 문화가 늘어나고 있다. 열심히 일한 보상을 받듯 1년에 며칠 예외적인 호사를 누리고픈 도시민들의 마음도 이해는 되지만, 문제는 그 풀빌라에서 사용하는 물이 지하수라는 점이다. 객실마다 풀을 채우고, 풀을 청소하며 버려지는 지하수가 적지 않을 것이다.

물(水)을 함께(同) 쓰던 마을(洞)이 물 사용에서도 부익부 빈익빈, 독점의 폐해가 생기고 있다. 지하수 관정을 파는 사람들의 얘기를 들어보면 지하수 고갈로 점점 관정 깊이가 깊어지고 있다고 한다. 물이 마르다 보니 계곡도 맑은 물이 풍부하게 흐르는 예전의 계곡 모습을 보기가 쉽지 않다. 그런 계곡에 몸을 담글 마음이 들지 않으니 풀빌라를 더 찾게 되는지도 모르겠다. 악순환이다. 골프장이 그렇듯, 풀빌라가 늘어나는 것에도 제한이 필요하다고 생각한다. 지구열대화(Global boiling)로 가뭄이 빈발하고 있다. 이때 지하수는 가뭄으로 인한 물 부족의 완충 역할을 해주기 때문에 식량 위기를 예방하는 데 매우 중요하다. 특히 노지 재배가 아니라 시설재배로 작물을 키우면 지하수의 역할은 절대적이다. 농업용수로 쓸 물을 물놀이 하는데 낭비할 수는 없다. 에너지 측면에서도 지하수는 중요하다. 지하수가 줄어 강의 저수량이 줄어들면 수력발전이 줄고 화석연료 사용이 증가하게 된다. 기상이변으로 게릴라성 폭우가 잦아져 물을 그냥 흘려버리기 쉬운 최근에는 물을 머금고 있는 지하수가 그래서 더 중요해졌다. 그러나 지하수가 채워지는 속도보다 고갈되는 속도가 더 빠른 것이 현실이다.

정부는 지난해 6월 '제4차 지하수관리기본계획(2022 ~ 2031)'을 수립하며 '기후위기 대응과 탄소중립을 위한 지하수의 역할을 강화'한다고 밝혔다. 정부나 지자체는 〈지하수법〉에 따라 〈인근 지역 수원(水源)의 고갈〉, 〈자연생태계를 해칠 우려〉, 〈하천 인근에서의 지하수 개발, 이용〉 그리고 〈그 밖에 지하수를 보전하기 위하여 필요하다고 인정되는 경우> 등에서 지하수 개발·이용의 허가를 하지 않거나 취수량을 제한할 수 있다. 그렇지만 풀빌라가 늘어나는 것을 보면 허가 과정에서 법 규정을 적극적으로 적용하지 않는 것같다. 풀빌라는 물의 풍요다, 동시에 기후재앙 시대 위기의식의 빈곤이다.

예전보다 더 펑펑 물을 쓰는 시설을 만들어 가면서, 물 부족 극복은 고사하고 '기후위기 대응과 탄소중립' 은 불가능할 것이다.

봄나물 다듬는 촌부의 다듬질

2025년 4월 2일 칼럼

봄풀이 지천이다. 초봄, 아직 작물을 심기 전 나는 봄풀은 나물이 돼서 식탁을 채워준다. 봄풀이 이렇게 풍요로운지 귀촌해서 농사를 짓기 전에는 몰랐던 일이다. 들인 공 없이 자연이 아낌없이 주는 봄풀로 인해 내 삶을 하늘과 땅이 넉넉히 지지해 주고 있다는 느낌을 받기도 한다. 봄풀 캐는 얼치기 농부의 땀을 식히는 바람이 분다. 그런데 그 바람 끝에 걱정 한 자락이 남는다.

산불 때문이다. 경상남북도의 산불은 여태껏 산불 규모 중 최대였다고 한다. 올봄 유난히 심한 바람과 고온 건조한 기후가 산불을 키웠다고 한다. 나무 수종의 문제도 있고, 산림 행정의 문제도 지적되지만, 점점 규모가 커지는 산불의 원인이 인간이 만든 기후변화 때문이라는 데는 이견이 없을 것이다. 이런 최악, 최대 규모의 산불이 지나면 폭염이든, 폭우든 또 다른 기후 재앙이 '사상 최대, 최악' 이라는 수식어를 붙이며 발생할 것 같아 불안감이 든다.

올해 초 열렸던 세계경제포럼(WEF-다보스포럼)에서 발표한 <글로벌 위험보고서 2025>는 10년 뒤인 2035년도의 위험 리스트를 "돌이킬 수 없는 지점(Global Risks 2035 : The point of no return)"이라는 제목으로 예측했다. 이에 따르면 2035년 위험 리스트 10위 중 1위~4위, 그리고 10위가 환경(Enviromental)관련 위험이었다.

전 세계 학계, 비즈니스계, 정부, 국제기구, 시민사회에 종사하는 약 900명의 전문가들을 대상으로 2024년 9월 2일에서 10월 18일 조사해 얻은 답변에 따르면 1위 '극심한 기상현상', 2위 '생물다양성 손실과 생태계 붕괴', 3위 '지구 시스템의 심각한 변화', 4위 '천연자원 고갈'이었다. 지금 겪는 산불이 바로 1위로 뽑힌 '극심한 기상현상' 중 하나다. 이 보고서는 10년 뒤 위험을 2년 뒤의 위험과 비교했다. 비교 결과 2년 뒤의 위험이 10년 뒤 감소한 경우는 없었다. 특히 환경적 위험은 그 위험도가 매우 높아졌다. 10년 뒤 가장 큰 위험 요소인 '극심한 기상 현상'은 위험도 약 4.6에서 5.9로 상향됐다. 우리가 사는 세상이 점점 위험해질 것이라고 세계 각 분야 전문가는 비관하고 있다는 얘기다. 미래가 지금보다 더 행복할 것이라는 낙관을 할 수 없는 세상에서 살고 있다는 사실, 그 이유가 지금 나의 삶을 조건 없이 지지해 주는 자연을 망가뜨린 결과라는 사실이 농촌에서 마을활동가로 사는 나를 우울하고 초라하게 만든다.

이번 산불에 노인들이 많이 돌아가셨다. 거동이 불편해 화마를 피하지 못하셨다. 자식들을 도시로 보내고 고령의 노부부만 같이 살고 계시다 화를 당하셨을 것이다. 내가 사는 마을에도 흔한 경우다. 그런 뉴스를 접하며 '우리 마을에 산불이 나면 난 어느 어르신을 내 차로 모시러 가야 하나?, 동선을 어떻게 잡아야 하나?' 하며 머릿속으로 시뮬레이션을 해보기도 했다. 화염과 연기에 가려 차를 논두렁에 빠뜨리지 않도록 조심해야겠다는 생각에 마을 길이 더 또렷하게 각인되기도 했다. 초고령화, 과소(過疎)화, 저소득 등으로 인해 생기는 촌의 문제는 기후재앙의 피해를 더 심각하게 만든다. 이번 산불로 불타 버린 마을은 그렇지 않아도 소멸 위기였는데, 이번 산불로 당장 소멸될 위기에 처했다. 내란(2024. 12.3 내란을 말함)으로 마음속에는 천불이 나 있는데, 산불로 확인되는 기후불평등이 천불에 기름을 붓는다.

산불로 다 타버린 경북 안동시의 한 마을(출처 : https://eye.seoul.co.kr)

봄풀을 나물로 먹기 위해서는 다듬질을 해야 한다. 흙을 털고, 씻고, 썩은 부분을 잘라내고. 이게 시간이 솔찬히 걸린다. 잔손질도 많이 가고, 반복적이기도 하고, 한 일에 비해 눈에 띄게 성과가 풍성하게 보이는 것도 아니니 그렇게 신이 나는 일은 아니다. 그렇지만 사람 입에

우리 집 밭에서 캔 봄풀, 냉이. 사진 왼쪽이 다듬기 전, 오른쪽은 1차 흙 털고 다듬질 한 후.

들어가는 것이니 허투루 할 수도 없고, 이 과정이 없으면 식재료가 안 되니 안 할 수도 없다. 그래서 다듬질 하며 마음 수양하는 기분이 들기도 한다. 절에서 주는 음식을 공양(供養)이라고 하는 이유도 그런 수양하는 마음이 들어서일 것이라는 생각도 든다.

나는 풀을 다듬으며 풀의 일생을 상상하곤 한다. 이 뿌리가 왜 이쪽으로 자랐을까, 저 뿌리는 왜 저리 꼬부라졌을까, 이 뿌리는 가늘고 길고, 이 뿌리는 굵고 바르고… 등, 뿌리를 보며 물을 찾아, 양분을 찾아, 돌을 피해 생명을 유지하려 애썼을 뿌리의 노력을 느껴본다. 비록 지금 내 손에 있지만 쉼 없었을 그 삶의 노력을 진하게 느낀다. 흙 속에는 60가지 이상의 원소들이 있고, 흙 1g 속에는 약 3천만 마리의 미생물이 살고 있다고 한다. 그 미생물들의 상호 활동은 아직도 미지의 세계라고 한다. 흙 1㎝가 만들어지려면 약 200년 이상이 걸린다고 하는데…. 그런 흙을 털어내고 닦아내며 내가 얼마나 많은 생명들에 무지한지, 또 얼마나 오랫동안 만들어진 흙에, 그 흙을 만들어 온 숱한 생명에 기대어 살고 있는지 느끼게 된다. 나의 왜소함과 함께 감사함을 느낀다. 봄풀을 다듬으며 내 마음도 다듬어진다. 도시에서 살 때는 없었던 다듬질 시간이다.

얼마 전 읽었던 ≪개소리에 대하여(On Bullshit)≫라는 책에서, 개소리가 많아지는 이유로 너무 자주 말을 해야만 하는 매체 상황을 지목했다. 생각과 말이 다듬어지지 않은 상황에서 계속 말을 한다. 지식인이랄 수 있는 사람들도 유튜브니까 편하게 한다면서 다듬어지지 않은 말들을 해댄다. 자신의 발언이 뇌피셜, 추정이라고 밝히며 스스로 면죄부를 주듯 하며 시간을 메꿀 말들을 쏟아내고, 그 말들은 어딘가에서는 누가 이런 얘기 했다며 마치 진실처럼 유통된다.

최근 저서 ≪넥서스(Nexus)≫를 출간하고 홍보차 내한한 유발 하라리 교수는 기자간담회에서 "소셜미디어의 정보는 대부분 쓰레기. 판타지, 망상, 거짓말"이라고 일갈했다. 그는 "정보는 진실이 아니다. 진실은 시간, 돈, 노력을 기울여야 하므로 비싸다, 그러나 허구는 아무 말이나 해도 되기 때문에 값싸다."라며 이런 허구들이 만든 알고리즘이 인간의 대화 능력을 파괴했으며 가짜뉴스와 음모론, 증오를 퍼뜨렸다고 지적했다. 앞서 소개했던 세계경제포럼의 글로벌 위험리스트는 5위로 '잘못된 정보와 허위 정보'를 뽑았고, 6위로 'AI기술의 부정적 결과'를 선정했는데, 그 이유를 설명해 주는 것 같았다. 마치 앞서 보여 준 세계경제포럼의 글로벌 위험리스트 중 5위로 '잘못된 정보와 허위 정보'가 뽑히고, 6위로 'AI기술의 부정적 결과'가 선정된 이유를 설명해 주는 것 같았다. 그리고 위 글로벌 위험리스트 9위로 선정된 '사이버 간첩과 전쟁'까지 적용해 보면, 윤석열의 12.3 비상계엄선포의 이유와 정확히 맞아떨어진다. 윤석열은 소셜미디어의 알고리즘 즉 'AI기술의 부정적 결과'로 뇌가 썩어서 부정선거라는 '잘못된 정보, 허위정보'를 믿고, '사이버 간첩과 전쟁' 즉 중국 간첩과 전쟁을 벌인다며 계엄을 선포했던 것이다.

나물을 먹기 위해 다듬는 일은 혼자 하면 좀 지루하다. 그래서 예전 촌부(村婦)들은 가족이나 이웃과 같이 앉아 두런두런 얘기를 나누며 함께 다듬곤 했다. 그렇게 평상에 풀 소쿠리를 가운데 두고 함께 다듬으며 자연스레 세상 돌아가는 얘기를 나누고 속내를 풀어놓기도 했으리라. 그렇게 평평한 세상에 함께 사는 사람들끼리 연민과 신뢰를 되새김 했으리라. 그래도 풀리지 않는 속은 다듬이 방망이로 다듬질하며 풀었을지도 모르겠다. 그 다듬질 방망이 소리와 박자가 유난히 힘차고 신나면 그만큼 마음속에 있던 주름도 잘 펴졌을 것 같다. 이제는 그렇게 다듬질할 일을 없애는 시대에 살고 있다. 바쁘게 살다 보면 다듬질은 허드렛일이고 그 일하는 시간은 소모적인 시간처럼 여겨지기 쉽다. 매장에 가면 누군가의 값싼 노동력으로 다듬어진 물건들이 많다. 그런 것을 사서 쓰고 자신은 뭔가 더 지적인 일을 하는 것이 내 삶의 성공의 징표처럼 여겨지기도 할 것이다. 다듬질하지 않은 말들이 많은 돈을 벌어다 주는 시대다.

처음 시민언론이 등장했을 때는 기득권층에게 독점됐던 매체의 장벽을 허무는 언론자유의 확장이 더 중요했다. 시민언론의 위험성을 지적할 때 공론의 장에서 자율 정화될 것이라는 반론이 주효했다. 그런데 이제 사람이 아닌 AI가 공론의 장을 주도하게 된 시대에 그 반론은 힘을 잃었다. AI가 사람의 다듬질을 대체했다. AI는 다듬질로 건강을 유지해야 할 사람의 뇌를 썩게 만들고 있다. 유발 하라리는 "정보시장이 100% 개방되면 진실이 허구의 바다에 묻혀버릴 수 있게 된다"고 경고한다. 그리고 인간의 기술 세 가지 즉 '머리를 쓰는 지적 기술, 공감과 소통을 하는 감정 기술, 몸 쓰는 기술' 중 '지적인 기술'이 AI로 대체되기 가장 쉬운 기술이라며 지적인 기술로의 편향을 경고했다. 그러고 보니 다른 사람들과 공감, 소통하거나 몸을 쓰는 기술과 담쌓고 머리로 법 기술만 익힌 법비(法匪) 윤석열이 AI 알고리즘에 세뇌된 이유도 이해가 된다.

봄풀 캐며 노동의 몸을 쓰고, 나물 다듬으며 이웃과 교감하며 사는 삶이 AI시대를 슬기롭게 사는 방법이겠다는 생각이 든다. 봄풀 캐고, 봄나물 다듬으며 내란으로 천불 난 속을 다듬는다. 산불로 논, 밭 잃고 속이 새까맣게 타버렸을 피해지역 어르신들의 슬픔을 봄풀의 흙을 부비며 느껴보려 한다. 긴 겨울을 견뎌 낸 봄 흙의 촉감에서 그 숱한 생명들의 순환에 콧등 시큰한 고마움을 느낀다. 그리고 반생명적인 폭거를 "계몽"이라고 개소리하는 법비들을 다듬질할 마음을 다진다.

마을안길 문제에도 기회가 오길

2025년 10월 22일 칼럼

내 집 주소의 도로명은 '태봉안길'이다. 이때 '안길'의 의미를 귀촌인인 나는 잘 몰랐다. 알고 보니 그 길은 예전 지게 지고 다니던 좁은 길이 소유자의 동의로 보상 없이 넓어진 길이다.

그 역사는 일제강점기까지 올라가지만, 그 비약적 확대는 1970~80년대 새마을운동을 하면서다. 새마을노래 2절 가사에 '마을 길도 넓히고'라는 가사가 나오는 이유다. 마을 사람들 대부분이 함께 농사를 짓던 시대였으니 마치 논물을 같이 쓰듯이 마을 길을 공공사업으로 만들겠다는 공동체와 정부의 요구를 당시 땅 소유주들이 거절하기는 쉽지 않았을 것이다. 그러니까 '태봉안길'은 '태봉마을'의 '안길' 즉 예전 논밭 지겟길이 차나 트랙터가 다니는 길로 바뀐 길이다.

이렇게 사유지가 공공 도로로 사용되는 길이 이른바 '마을안길', '비법정도로', '사실상 도로(현황도로)', '미지급용지(미불용지)' 등으로 불리는 길이고 새마을운동이 휩쓴 전국 농산어촌에 엄청나게 산재해 있다. 그렇게 40~50년 전 마을 주민들이 십시일반 무료로 내놓은 길이 없었으면 나는 지금의 집을 짓지도, 살지도 못했을 것이다. 숱하게 이 길을 이용하면서 한번도 사용료를 낸 적이 없으니,

길을 다닐 때마다 지금은 대부분 돌아가셨을, 누군지도 모르는 그 땅의 소유주 분들에게 감사의 마음이 들지 않을 수 없다.

그런데 만약 어느 날 누군가 나타나 이 길의 소유자라면서 길을 막아버리면 어떻게 될까? 마을안길이 들어간 땅을 상속받거나 매입한 소유주가 재산권을 행세해 통행을 막거나 사용료를 요구하는 일은 이제 낯설지도 않은 뉴스다. 같이 잘 살자고 만들었던 길이 이제는 마을 분쟁의 화약고가 되었다. 뭣도 모르고 이런 땅을 구입한 귀촌인은 폭탄을 안고 마을에 들어오는 꼴이다. 이런 분쟁이 아니더라도 비법정도로이다 보니 길이 노후화돼도 관리가 잘 안돼 주민들의 안전을 위협하는 상황도 발생한다. 더구나 마을안길에 상·하수도관, 가스관 등을 매설하기도 하니 정부가 국민 사유지를 무단점유하고 있다고 해도 과언이 아니다.

반면 정부는 주민이 국유지를 조금만 사용해도 점용료, 대부료 등을 꼬박꼬박 징수하고 있다. 상황이 이러니 훨씬 더 넓은 면적의 사유지를 무료로 내놓은 소유주의 자식이나 영문을 모르고 해당 용지를 매입한 사람들은 울화가 치밀지 않을 수 없다. 이런 불공정한 상황으로 인해 마을안길 관련 민원과 소송이 빈발하고 있다.

양주시의 경우 최근 5년간 국가와 양주시를 상대로 제기된 마을안길 관련 민사소송이 총 58건에 달했다고 한다. 2024년 6월 기준 등록된 도로 중 36.7%가 사유지로 집계됐다고 한다. 양주시 자체 예산과 행정력만으로는 문제 해결이 쉽지 않다고 판단한 양주시의회 의원들은 지난 5월 '비법정도로 문제 해결을 위한 특별법 제정 촉구 건의

안'을 만장일치로 채택했다.

건의안에는 국가 차원의 실태조사 및 단계적 토지 매수 제도 도입 등을 요구하는 내용이 담겨 있다. 마을안길 문제는 전국적인 사회구조적 문제다. 그런데 경기도는 어떤 노력을 하고 있는지 모르겠다. 김동연 도지사는 최근 경기도를 '기회수도'로 만들겠다며 행정의 무사안일주의를 없애는 적극 행정 의지를 밝혔다. '기회수도' 경기도에 과거 독재 행정으로 만들어진 마을안길 문제 해결에도 기회가 오길 기대한다.

소농 부부의 하루에서 본 촌의 내일

가평의 70대 소농 부부 이야기를 여러 번 떠올린다. 이분들의 하루는 새벽에 보일러를 줄이면서 시작된다. 기름값이 무서워 방 하나만 데우고, 오늘 장에 내다 팔 작물 값을 계산해 보지만 농자재값 빼면 손에 남는 돈은 별로 없다.

그런데 지붕 20평을 마을 발전소에 내어주고 매달 30여만 원이 지역 카드에 들어오기 시작하는 순간, 이 집의 대화는 달라진다. 마을 식당에서 따뜻한 점심을 매일 먹을 수 있어 좋고, 전기·난방비 걱정 덜고, 백내장 수술 비용 걱정 덜었다며 부부의 굽은 등이 조금 펴진다.

나는 이 장면이 단지 복지의 그림이라고 생각하지 않는다. 평생 땅을 지키며 살아온 이들에게 "이제는 당신 차례입니다"라고 말해 주는 사회의 정중한 모심이라고 생각한다.

햇빛으로 들어온 수익이 연금이 되고, 그 돈이 다시 마을 상가·시장·교통에 쓰이며 이웃의 일자리로 돌아가면, 소농 부부의 삶은 **죽지 못해 사는 노후**에서 **대접 받으며 사는 노후**로 바뀐다.

촌의 내일은 거창한 빌딩 개발 계획이 아니라, 이런 노후의 편안한 표정에서 시작된다고 믿는다. 한 사람의 존엄을 끝까지 지켜주는 촌은, 젊은 세대에게도 믿고 내려올 만한 약속의 땅이 된다.

우리나라 대표 쌀 품종 중 하나인 '신동진쌀' 육묘장에서.
신동진쌀 상품이 '못잊어 신동진', '황금빛 신동진' 등
다양하게 판매돼 내 이름은 덩달아 여기저기 광고가 되고 있다.

4부

촌스러운 진짜경제

2014년 상색리의 농장에서 개최한 팜파티를 진행하는 신동진 저자(중앙 오른 쪽). 산과 들의 풀과 발효액으로 만든 나물을 주요리로 한 친환경 한식뷔페에 도시민들의 호응이 좋았다.

'생활인구' 정책?
촌을 유령마을로 만들 작정인가

2024년 11월 5일 칼럼

늦가을로 접어들게 되자 여기저기서 몸집을 키우며 익어가는 호박을 보는 재미가 쏠쏠하다. 이 녀석들이 날씨 따뜻할 때 뭐 하다가 날이 추워지니 이제야 호들갑을 떠는 건가 하는 생각이 든다.

그런데 알고 보니 그게 호박의 생존전략이란다. 일단 힘차게 줄기를 여기저기 뻗고, 넓은 잎으로 가려 다른 풀을 못 자라게 한다. 자신의 세력을 넓히는 거다. 그러다가 추위가 느껴지면 본격적으로 박을 맺기 시작해 모든 에너지를 박에게 보낸다. 옆집에서 덩굴째 넘어온 호박을 보는 것도 이때쯤이다.

그런데 굴러온 호박이 좋다고 내 밭 농사를 안 하면 어떻게 되겠는가? 지난 10월 30일 행정안전부와 통계청이 발표한 <'24년 2/4분기 '생활인구' 산정 결과> 보도자료와 그 자료를 앵무새처럼 받아 쓴 보도들을 보며. 옆집에서 굴러 넘어온 호박이 있으니 당신 밭의 농사는 그만 지으라고 요란을 떠는 무뢰한들을 보는 것 같다.

정부는 올해 <인구감소지역 지원 특별법>에 따른 새로운 인구개념으로 89개 인구감소지역 대상으로 '생활인구'를 산정하고 있다.

생활인구는 '등록인구(주민등록인구, 등록외국인) + 체류인구(월 1회, 하루 3시간 이상 체류)'로 산정된다. 쉽게 말하면 특정 지역에 거주해 살고 있는 인구(등록인구)와 이러저러한 이유로 방문하는 인구(체류인구)를 합한 것이 생활인구다.

체류인구의 유형은 통근, 통학, 관광 유형 등이 있다. 생활인구의 작성 목적은 '인구감소지역의 행정적, 재정적 지원을 위한 기초자료로 활용하고, 지역 맞춤형 정책 발굴을 지원하기 위함'이라고 밝히고 있다. 과연 '지역 맞춤형 정책'은 무엇일까?

생활인구 보도자료의 제목은, '인구감소지역 찾은 2천360만 체류인구, 방문 지역에서 실제 거주인구만큼 카드 결제했다'였다. 보도자료는 정주해 살고 있는 등록인구 보다 체류인구의 소비력을 더 부가시키며 체류인구가 지역경제 활성화에 큰 영향을 미치고 있다고 강조하고 있다.

그러면서 강원 양양군의 체류인구가 등록인구 대비 17.4배로 가장 높고, 신용카드 사용 비중도 71.6%로 높다는 자료를 제공했다. 이 자료를 받은 언론사들은 이런 제목의 보도들을 냈다.

- '인구감소지역' 강원 양양 방문객 수 거주자의 17배 넘어... 지역경제에도 '도움' (조선일보)
- 축제 없는데 '주민 17배' 관광객 몰렸다...'서핑 성지' 어땠길래 (중앙일보)
- 'MZ 핫플' 강원 양양, 체류인구가 등록인구의 17.4배 (동아일보)
- 89개 인구감소지역, 생활인구 350만 명 늘었다 (경향신문)
- 서핑 명소 '이곳' 체류인구, 인구감소지역 중 1위... 거주인구의 17배 (한겨레)
- 강원 체류인구, 비중 가장 크고 카드 사용도 많아 (춘천MBC)

- 양양 17.4배, 고성, 평창, 정선, 홍천도 등록인구 대비 체류인구 많아 (MBC강원영동)
- '인구감소' 양양 방문객이 거주자 17배 넘었다 (강원도민일보)

이른바 진보와 보수를 막론하고, 중앙과 지방 언론이 모두 배포한 보도자료 내용에 따라 '체류인구'의 경제력에 기대어 '생활인구'를 늘리는 것이 인구감소지역을 살리는 돌파구인 양 보도했다.

그러더니 이틀 뒤인 11월 1일 행정안전부는 지방자지단체에 배분하는 보통교부세 산정 기준에 '생활인구'를 반영한 '지방교부세법 시행규칙 개정안'을 12월 11일 입법 예고한다고 밝혔다.

이렇게 되면 인구감소 지자체들은 이제 '생활인구'를 높이기 위해 혈안이 될 것이다. 정말 이게 인구감소지역을 살리는 '지역 맞춤형 정책'이 될 수 있을까?

'24년 2/4분기 '생활인구' 산정 결과를 보면 전국 모든 시도에서 등록인구의 3.6배~7.9배 가량 체류인구가 많음을 볼 수 있다. 강원도는 7.9배로 가장 높다.

체류인구 비율이 7.9배로 가장 높은 강원도의 경우, 체류인구와 등록인구의 카드사용액은 각각 55.8%와 44.2%다. 이 통계를 놓고 정부는 체류인구 수가 등록인구 수보다 8배가량 많다는 사실은 쏙 빼놓은 채, 체류인구와 등록인구의 카드사용액이 엇비슷하다는 내용만 부각시켰다.

더군다나 전국적으로 보면 등록인구의 카드사용액 비중(56.8%)이 체류인구의 비중(43.2%)보다도 높은데도 불구하고 이런 통계 장난을 쳤고, 여기에 언론들도 맞장구를 친 것이다.

언론이 집중적으로 보도한 강원도의 상황은 '체류인구의 규모가 크고 소비력도 크다' 라는 방향의 제목보다는, "체류인구 : 등록인구 소비력 1:8로 등록인구가 8배 높아"라는 방식의 제목이어야 하지 않았을까? 그렇다면 '체류인구' 를 늘려서 지역경제 활성화는 물론 더 나아가 인구감소 위기를 극복하고자 하는 정부의 '지역 맞춤형 정책' 은 방향을 제대로 잡았다고 할 수 있을까?

독자는 어느 쪽의 인구를 늘리는 것이 지역 경제 회생에 더 도움이 될 것으로 판단하는가? 동일한 예산으로 체류인구 8명을 늘릴 노력을 할 것인가? 아니면 등록인구 1명을 늘릴 노력을 할 것인가?

(단위 : 배)

순번	시군구	배수
1	강원 양양군	17.4
2	경기 가평군	15.6
3	강원 고성군	15.4
4	인천 옹진군	13.7
5	강원 평창군	12.2
6	충북 단양군	10.2
7	충남 태안군	9.7
8	강원 정선군	8.8
9	강원 홍천군	8.6
10	인천 강화군	8.4

'24년 2/4분기 '생활인구' 산정결과
- 행정안전부, 통계청

이런 희망 섞인 질문을 할 수도 있다. '체류인구' 가 늘면 그 '체류인구' 와 관련된 산업 덕분에 '등록인구' 가 늘지 않겠는가? 하는. 어쩌면 정부가 바라는 것도 이런 긍정적 연쇄효과일 수도 있다. 과연 그럴까?

왼쪽의 표는 생활인구 중 등록인구 대비 체류인구 비율이 높은 시군 통계다. 강원 양양군(17.4배)에 이어 내가 살고 있는 가평군은 15.6배로 체류인구 배수가 높은 군이다. 과연 두 군은 지난 몇 년간 등록인구가 늘었을까?

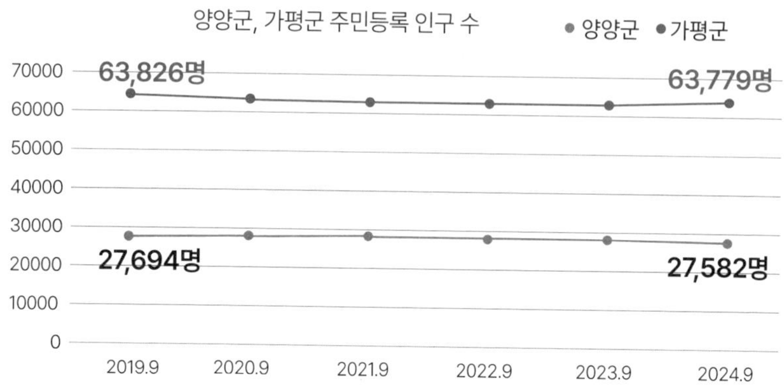

위 그래프에서 보듯이 등록인구는 지난 5년간 늘지 않고 오히려 줄었다. 체류인구가 17.4배니 15.6배니 요란을 떨지만, 체류인구가 늘었다는 것이 등록인구의 증가에 전혀 영향을 미치고 있지 않다는 것을 알 수 있다.

이런 상황에서 중앙정부가 지방교부세 기준에 생활인구의 증가 수치를 반영한다면 인구감소 지자체는 등록인구를 늘리는 노력을 할까, 체류인구를 늘리는 노력을 할까. 답은 뻔하다. 체류인구를 늘리기 위해 혈안이 될 것이다.

순환보직 근무를 하고 매년 책정된 예산을 집행하면서 단기적 성과를 내야 하는 공무원들은 '생활인구'라고 쓰고 '체류인구'라고 읽게 될 것이다. 교육, 의료, 일자리는 물론 각종 사회문화 기반이 갖춰져야 늘어날 거주인구 즉, 등록인구보다 일시적인(월 1회, 하루 3시간 이상) 체류인구를 늘리기가 훨씬 수월할 것이기 때문이다.

'생활인구'를 검색을 해보면, 발등에 불 떨어진 듯 체류인구를 늘리기 위해 애쓰는 인구감소 지자체들의 기사를 어렵지 않게 볼 수 있다. 이런 상황은 기존의 귀촌 정책과도 충돌하게 된다.

생활인구 중에서 체류인구로 분류되는 일시적 통근, 통학, 관광 인구는 귀촌인에 포함시킬 수가 없다. 주민등록 상 읍, 면으로 전입을 해야 귀촌인이 되고, 그런 귀촌인을 늘리고자 하는 것이 귀촌정책이다. 그런데 이렇게 되면 체류인구를 늘리는데 예산과 정책이 쏠리게 될 것이다.

체류인구가 등록인구에 비해 16배 가까이 많은 가평군에서 마을활동가로 사는 나의 경험으로는, 당연히 귀촌정책이 뒷전으로 밀려날 것이라고 예상하게 된다. 이런 상황은 결코 바람직하지 않다. 정부가 기대하는 경제적인 측면에서도 마찬가지다.

가평군의 1인당 GRDP(지역내총생산)는 경기도 31개 시·군 중 17위로 중위권이다. 그리고 가구당 소득액 중 400만 원 이상인 가구 비율은 31개 시·군 중에서 27위로 거의 꼴찌에 가깝다. 즉 가평군 안에서 생기는 부가가치가 가평군민들에게 돌아가지 않고, 밖으로 빠져나가는 비율이 지나치게 높다.

서울의 기업(체류인구)이 가평군에 와서 축제를 열면, 가평군의 1인당 GRDP는 올라가겠지만, 그 축제의 수익금이 군민(등록인구)들의 소득으로 이어지지 않는다는 얘기다.

이런 식의 체류인구 증가는 지방세(취득세, 주민세, 재산세, 자동차세 등)는 늘지 않는데, 국세(소득세, 법인세, 부가가치세 등)만 늘어나는 결과를 초래하게 된다. 결국 지방의 중앙 예속을 더욱 심화시키게 될 것이다.

세수는 늘지 않는데 체류인구만 늘어난다면, 각종 공공 서비스와 기반 확충 비용 증가로 지방재정은 더욱 어려워질 게 뻔하다. 등록인구는 줄고 있는데 체류인구만 늘어난다면, 그나마 남아있는 촌 공동체를 망가뜨리게 될 것이다.

가평군에서는 아기가 거의 태어나지 않는다. 그래서 가평군에 있는 작은 학교들은, 그 마을에서 다니는 학생들보다 인근 도시 또는 다른 지역에서 차량으로 통학하는 학생들과 다른 지역에서 출근하는 교사들이 적지 않다. 이런 경우 학교가 마을공동체의 중심 역할을 하기가 쉽지 않다.

내가 살고 있는 마을이 아니라면, 학교가 있는 마을이 학생들에게 내 마을이라고 느껴질 리 없다. 이런 상황에서 교사들도 마을교육공동체를 만들겠다는 동기부여를 받기가 쉽지 않다. 인근 도시에서 출퇴근하는 교사에게 학교는 단지 칼퇴근 하고 싶은 근무지일 뿐이다.

학교 주변으로 학생이나 교사를 전입시키는 노력을 하기보다 인근 도시에서 등하교나 출퇴근을 원활하게 하는 쪽으로 행·재정적 지원을 한다면, 학교와 마을의 관계는 더욱 멀어질 것이다.

촌민들이 고령화되면서 기존에 자신들이 해오던 생업을 외지인(체류인구)에게 맡겨 운영하는 경우도 늘어나고 있다. 가평군의 경우. 펜션 운영이 그 대표적인 예다. 일정 기간 펜션을 임차해 운영하는 사업자(체류인구)는 최대한 수익을 내는 데 전념하느라 주변을 살펴

볼 겨를이 없다. 주변의 생태환경이나 마을주민들과의 관계에 악영향을 미치는 행위들도 종종 서슴지 않고 하게 된다.

일시 체류민에게 사업장은 극한적인 돈벌이 장소일 뿐이다. 사업장이 있는 마을의 지속가능성은 안중에 없기 십상이다. 당신은 이런 곳의 마을주민으로 살고 싶은가? 더구나 행정이 체류인구 위주의 정책을 편다면, 살다가도 정나미가 떨어져 마을을 떠나고 싶지 않겠는가?

체류인구가 등록인구보다 월등히 많은 가평군이 경기장 같은 곳이라는 생각이 들곤 한다. 평상시 텅 비어있다가 경기 있을 때만 관중들이 몰리는 경기장 말이다.

관광철, 축제가 있을 때는 수백만 명이 붐비지만, 지방재정은 열악하고 주민은 가난하고 인구는 소멸되고 있는 지자체. 시즌이 끝나면 사람들 즉 체류인구는 싹 빠져나가고, 돈도 도시로 빠져나가 버린다.

이런 상황이 계속된다면, 마을에 주민정책은 필요 없고 행사 계획만 있으면 된다. 과연 이런 곳에서 풀뿌리 민주주의가 뿌리를 내릴 수 있을까. 이런 식으로 도시민의, 도시민을 위한, 도시민에 의한 정책을 펼치면 인구감소지역의 등록인구가 제대로 늘어나겠는가.

도시 중심 가치관에 포섭된 사람들이 도시에만 살고 있는 것은 아니다. 촌에 살면서도 호시탐탐 도시에 진입하기를 꿈꾸는 사람들이 있다. 그런 사람들에게 도시민(체류인구)의 경제력은 동경의 대상이고, 촌의 청년들을 도시로 향하게 만드는 뿌리칠 수 없는 유혹이다.

체류인구가 몇 배 늘어난다고 해도 등록인구가 늘지 않는 이유가 여기 있다. 촌에서 돈 벌어 서울에 집을 마련하고 싶은 욕망의 불씨에 체류인구 중심의 정책은 기름을 부을 것이 뻔하다.

앞에 쓴 <촌에서 먼저 겪는 우울한 미래>에서 얘기했듯이 고령화, 저소득 촌에서 행정의 힘만 점점 더 강해질 수밖에 없다.

관 중심 지역문화는 풀뿌리 자치의 토양을 메마르게 한다. 그런데 기후재앙시대, 식량위기시대, 에너지위기 시대에 생명을 지속시킬 힘을 간직한 시골에서 풀뿌리 자치의 역량은 어느 때보다 절실하다.

지속가능하고 순환되는 세상을 만들기 위한 각종 마을공동체 활동은 지역 주민 주도의 참여와 노력이 있어야 성공할 수 있기 때문이다. 단시간에 성과를 내기 힘든 사회적경제 사업 역시 지역 주민의 참여와 노력 없이는 불가능하다. 풀뿌리 자치 역량이 필요하다. 생태계와 공동체에 대한 감수성을 갖고 있고, 실천 역량을 갖춘 공정귀촌인이 절실하다.

그런데 그런 사람들을 전입시키기 위한 노력보다 일회성 관광객, 일시적 장사꾼, 9시부터 6시까지 일하고 사라지는 직장인들로 허장성세의 지표를 만들려 한다면, 그런 마을이나 지역이 살고 싶은 곳이 될 수 있을까. 정부의 바람대로 '생활인구 증가로 매력있는 지역으로 도약' 하게 될 거라는 확신이 서지 않는다.

내 밭 일구고, 거름 주고, 씨앗 뿌리고, 김매고, 물주고 하는 것이 힘들다고 내 밭농사는 팽개치고 남의 밭에서 덩굴째 굴러들어 온 호박이나 딸 생각을 하고 있다면 내 밭은 어찌 되겠는가?

지방에 등록인구(정주인구)를 늘리는 노력을 하는 대신 생활인구로 포장한 체류인구를 늘리겠다는 정책은, 내게는 지방분권을 포기하겠다는 정책처럼 읽힌다.

그렇게 되면, 외환위기 이후 대세로 등장한 주주자본주의가 초국적 주주들의 이익에 집착하며 국가 경제나 공공적 가치에 균열을 냈던 것처럼, 중앙권력과 도시민 중심 생활인구 정책은 인구감소위기 지자체의 자립과 공동체성을 허물어뜨리는 역할을 하게 될 것이다.

중앙에서 돈과 권력을 쥐고 지방을 줄 세우려는 정책, 시골을 식민지 대하듯 하는 도시적 발상으로는 지방소멸을 막을 수 없다. 더구나 지금은 인류가 발전시켜 온 도시 중심의 삶의 방식에서 벗어나서 생명력의 보고인 시골을 중심으로 한 촌스러운 삶으로의 대전환이 필요한 때다.

기후재앙으로 인한 재난의 위험을 분산시키기 위해서라도 식량, 에너지, 통신 등의 지역별 자립을 위한 시스템 구축이 더욱 필요해진 시대다.

체류인구 지표로 교부금 지급 기준을 삼겠다는 정부의 방침, 거기에 편승해 도시적 가치관을 확대재생산 하는 언론과 학계는 그나마 남아있던 촌의 건강한 풀뿌리마저 고사시키고 말 것이다. 촌의 고혈을 빨아먹으며 커온 도시가 생명력의 보고로 지켜내야 할 촌을 유령도시로 만들게 될까봐 걱정스럽다.

농·산·어촌에 널린 '유휴공간' 빗장을 풀어라

2023년 12월 12일 칼럼

지난 2주 동안, 죽어있던 마을 유휴창고를 주민들의 공간으로 살려내는 일을 했다. 2주 전에는 마을에 있는 초등학교를 배경으로 촬영한 1967년도 영화 <사격장의 아이들(감독 김수용)>을 함께 보며 정담을 나눴고, 지난 주말에는 마을 작가의 수공예품과 고구마, 밤, 은행, 떡, 옥수수 등을 구워 파는 작은 플리마켓을 열었다.

새롭게 태어나 주민들이 새로운 꿈을 함께 꾸며 만들어 가는 공간으로 거듭난 이곳의 이름은, '꿈꾸재' 이다. '꿈꾸재' 는 1976년에 지어져 벼 수매창고, 약재 창고, 가구 창고, 맷돼지 포획틀 창고 등으로 사용되다 10여 년 전부터 사용되지 않던 창고였다.

'꿈꾸재' 의 비전은, '살리는 공간, 기억하는 공간, 도농상생의 공간' 이다. 이곳이 소멸위기의 마을과 폐교위기의 학교 그리고 주민들이 잃어버린 자존감과 기운을 살리는 공간이 되어주길 바란다. '꿈꾸재' 는 마을의 역사와 문화와 생태를 기억하는 공간, 시골의 결핍과 도시의 과잉이 서로 연결돼 도농상생의 꽃이 피는 공간을 꿈꾸며 만든 곳이다.

버려진 창고를 리모델링하여 주민들의 공간으로 살려낸 '꿈꾸재'. 2023. 12. 9. 마을 주민들이 모여 작은 플리마켓을 열고 <사격장의 아이들> 영화감상도 했다.

'꿈꾸재'는 2025년 경기문화재단의 '지붕 없는 박물관, 경기 에코뮤지엄(Ecomuseum)' 사업에 선정돼 만들어진 가평군 가평읍 상색리 '색현에코뮤지엄'의 거점 공간이기도 하다.

공간이 주는 힘은 크다. '꿈꾸재'와 같은 주민 공유공간은 주민의 힘을 키우는 곳이며, 새로운 문화를 만들어 내는 둥지의 역할을 하게 될 것이다. 소멸하는 마을을 살리려면 주민들이 편하게 공동의 일을 도모할 곳이 있어야 한다.

마을 경로당이나 마을회관은 대부분 고령의 선주민들이 거의 독점하고 있거나 공간이 협소하다. 그러므로 마을은 기존 공간에서는 꿈꾸기 어려운 꿈을 펼쳐나갈 새로운 공간이 필요하다. 그런 공간이 있어야 마을에 새로운 젊은 주민이 수혈된다.

잘 살펴보면, 각 지역마다 탈바꿈시킬 수 있는 유휴공간들이 다 있다. 내가 사는 가평군도 그렇지만, 전국적으로 각종 사업으로 지어진 건물들이 부지기수다. 주로 행정재산으로 돼 있는 그런 공간들은 행정이 선도적으로 문을 열고자 하지 않으면 주민들이 사용할 수 없는 공간들이다.

그런데 대부분의 행정은 그 공간을 적극적으로 개방해 주민들이 창의적으로 활용할 수 있게 하기보다는 안전(?)하게 유휴공간으로 놔두길 바라거나 또는 비싼 이용료로 공익적 사용의 문턱을 한껏 높여놓기 일쑤다.

법적으로 공간을 관리 위탁할 수도 있고, 이용료를 위탁운영의 경비로 사용해 경제적 부담을 덜어줄 수도 있고, 수의계약도 가능하지만, 행정이 걸어 잠가놓은 빗장은 좀처럼 쉽게 열리지 않는다.

농식품부의 '농촌유휴시설활용 지역활성화사업' 등, 각 부처와 광역지자체에서 유휴시설 활용을 위한 공모사업을 추진하고 있지만 기초지자체 행정이 나서지 않으면 다 무용지물이다.

관련 사업을 주민들에게 홍보하지 않으면 주민들은 그런 사업이 있는지도 알 수가 없다. 이런 사실을 누구보다 잘 알고 있는 사람이 한국농촌경제연구원 선임연구위원이었던 송미령 농림축산식품부장관이라고 생각한다.

나는 송 장관과 일면식도 없으며, 그의 연구 내용과 활동을 통해 알고 있을 뿐이다. 귀촌한 후 시골의 현실에 대한 구체적인 실태 파악이 필요하다고 생각해 찾아 들어간 사이트가 〈한국농촌경제연구원〉 홈페이지였다. 그곳의 연구보고서들 중에서 균형발전과 소멸위기의 촌을 살리기 위한 지속적인 연구를 하는 사람으로서 송미령 위원의 연구보고서가 눈길을 끌었고, 그 연구 결과들을 통해 시골의 문제 해결에 대한 다양한 인식의 지평을 넓힐 수 있었다.

그가 총괄 책임자로서 연구한 보고서 제목은 〈도농상생의 농·산·어촌 유토피아 실천모델 구현을 위한 관계인구 활용 방안〉(2023.7)이다.

송 장관은 2019년 〈농촌 유토피아〉라는 저서를 낼 정도로 다소 생뚱맞게 느껴지는 '농·산·어촌 유토피아' 개념을 도전적으로 설파하는 연구자다. 그는 도시민에 비해 촌민의 행복감이 5% 더 높고, 귀농귀촌한 사람들의 행복감이 9.3% 더 높다는 2019년 조사결과에 근거해 농·산·어촌이 결코 소멸의 공간이 아니라 국민의 행복도를 제고할 수 있는 국민 전체의 유토피아가 될 수 있다고 판단한 것으로 보인다.

그는 2019년부터 '현실적 유토피아 기획'을 반영해 5년간 매년 협동연구를 추진해왔다. 그 과정에서 농·산·어촌 유토피아 구상을 추진할 의지가 있는 지방자치단체를 선정해 시범사업도 추진하며 그 결과를 조사하는 리빙랩 방식의 연구도 진행했다. 그런 결과들을 총괄해 앞서 인용한 보고서가 나온 것으로 보인다.

이 보고서에 등장하는 '관계인구'라는 개념은, 특정 지역에 완전히 이주·정착한 '정주인구'도 아니고 일회성 관광을 하는 '교류인구' 도 아닌, 특정 지역과 지속적으로 다양한 형태로 관계를 맺는 사람을 의미한다.

그는 정주인구가 줄어들고 있고, 다양한 이유로 당장 정주인구를 늘리기도 쉽지 않은 상황에서 관계인구를 시골의 발전을 위한 주력으로 보고 있다. 도시를 떠나 시골에서 지낼 때 더 행복감을 느끼게 되니, 정기적으로 시골을 방문하는 관계인구를 정주인구로 견인하기 위한 방안을 연구해 온 것이다. 이런 수년간의 연구 끝에 앞서 인용한 연구보고서의 결론 부분에 중요하게 제안한 것이 바로 촌의 유휴공간에 대한 얘기다.

> 주민 문화·복지시설이나 빈집 등의 유휴공간을 리모델링하여 청년, 창조계층 도시민 등이 새로운 창업활동을 시도하는 공간으로도 활용하도록 유도(위 보고서 203쪽, 강조 필자)
>
> 첫째, 농·산·어촌에 분포하는 공공시설들 중 활용도가 낮거나 유휴화된 시설들이 관계인구의 창업, 거주, 활동 공간으로 다양하게 활용되도록 관련 규정을 개선한다. 현행 보조금 관리에 관한 법률, 공유재산 및 물품관리법 등에 따라 기존에 설치된 공공시설들이 목적 외 용도로 활용되는 데 제약이 있는데, 관계인구의 농·산·어촌 활동 거점 공간으로 보다 유연하게 활용될 수 있도록 규제 완화가 필요하다. 지역사회 차원의 공감대가 형성되고 지방자치단체 차원의 관계인구 활용 계획이 수립되는 등의 조건을 부여함으로써 기존 공공시설들이 창조계층이나 청년층 등의 농·산·어촌 활동을 위한 플

'꿈꾸재' 외관. 겉모양은 창고지만 안에서는 주민들의 공동활동이 이뤄진다.

랫폼 공간으로 이용되도록 유도한다.(위 보고서 208쪽, 강조 필자)

위 글에서 보듯 송 장관은 문화예술 활동 등 창조적이고 혁신적인 일을 하는 창조계층이나 청년층을 농·산·어촌 유토피아 실현을 위한 관계인구의 핵심층으로 보고 있고, 그들을 위한 플랫폼 공간이 필요하다고 주장하고 있다. 그 플랫폼 공간을 제대로 운용하기 위해 문을 닫고 있는 유휴공간을 열어야 하는 것이다.

보도에 따르면, 송 장관은 장관 인사청문회를 준비하면서 기자들에게 "청년이 농촌에 유입되는 것이 우리 농업·농촌의 지속가능성을 확보할 수 있는 가장 중요한 첩경이라고 생각한다"고 말했다고 한다.

이는 위 보고서에 담긴 아래 제언의 내용을 표현한 것으로 보인다.

> 한편으로 과소화가 심화되는 인구감소지역 지방자치단체 등의 경우는 사회서비스 제공 등의 차원에서 농·산·어촌 생활 여건 개선 및 주민 삶의 질 제고를 지원하는 활동을 주도하는 청년 인력을 중심으로 '농촌활성화지원단(가칭)' 채용을 지원하도록 소멸대응기금 등을 활용하도록 할 수 있다 (위 보고서 227쪽, 강조 필자)

도시의 청년 인력이 가칭 '농촌활성화지원단'으로 시골에 가서 활동을 하려면, 역시 그들만의 공간이 필요하다. 새로 지을 것이 아니라, 이미 시골에 있는 각종 유휴공간들의 닫힌 빗장을 열게 해야 한다. 시골의 행정 즉, 기초지자체에게만 맡겨 둘 일이 아니다.

기초지자체가 관장하지 않는 중앙부처 소관의 유휴공간들도 적지 않다. 또한 비록 공간은 시골에 있지만 그 공간을 사용할 사람은 도시에 살고 있으므로 이런 사업은 시골과 도시를 총괄할 수 있는 중앙정부에서 사업을 주도 관장하는 것이 실질적 효과를 낼 수 있을 것이라고 본다.

유휴공간의 문을 열게 되면 공간을 사용하거나 공간에서 프로그램을 운영할 사람이 공간의 리모델링을 주관해야 한다. 행정이 리모델링을 해놓거나 기준을 정해놓고, 도시 사람을 공모하는 방식은 실패한다. 그렇게 되면, 침대 크기에 맞춰 사람의 팔 다리를 잘랐다는 그리스신화 속 프로크루테스의 침대처럼 되기 쉽다.

송미령 농림축산식품부장관이 그동안 연구했던 내용들을 정책으로 멋지게 구현하길 기대한다. 이 일을 위해 여러 부서, 특히 일반적으로 농식품부보다 힘 있다고 여겨지는 부서들의 협력도 끌어내야 하고, 연구원 출신 장관에 대한 농식품부 조직 내 은밀한 저항을 극복해야 할지도 모르겠다. 그동안 연구자로서 실제 행정과 비판적, 안정적 거리를 두고 이상적 제언을 할 수 있었을 수도 있다.

그렇지만 그 제언들은 지금 단순히 이상으로 머무를 수 없는 절체절명의 시대적 과제라고 난 생각한다. 이번 글을 송 후보자의 건승을 기원하는 마음으로 썼다. 농·산·어촌 유토피아를 만들기 위한 노력에 국민의 호응이 있을 것이라고 믿는다. 건투를 빈다.

한마디 덧붙인다면, 난 평소에 공간의 설계와 운영의 민주화는 한 사회의 민주화가 어느 정도까지 내면화됐고 심화됐느냐를 판단하는 중요한 기준이라고 생각했다. 그런데 장애인 이동권 확보를 위한 전국장애인차별철폐연대의 지하철 시위를 보면서 공간의 민주화가 여전히 부족하다는 것을 느꼈다. 농·산·어촌에 방치된 유휴공간들의 운영이 민주화될 때 우리나라의 풀뿌리 민주주의도 한층 더 성숙해질 것으로 생각한다.

이장 수당 올리면 마을이 살아날까

2024년 1월 3일, 23일 칼럼

2024년 새해다. 새해가 되면 달라지는 것들을 소개하는 기사를 보게 된다. 그중에 관심을 끈 것은, 이장·통장의 처우가 개선된다는 내용이다. 기본수당 월 30만 원이 40만 원으로 인상되고, 현재 시행령에 규정돼 있는 이장·통장의 법적 근거를 〈지방자치법〉법률로 상향하겠다는 내용이다.

행정 체계상 각각 촌과 도시에서 동급인 말단 행정조직이 리(里)와 통(統)이다. 그런데 촌에서 이장의 존재감과 역할은 도시에서의 통장과는 비할 수 없이 크다.

지난 10월 30일 행정안전부가 발표한 〈이장·통장 처우개선 추진〉 보도자료에 따르면 "최근 범정부 '국가안전시스템 종합대책'에 따라 읍면동의 안전관리 기능이 강화되고, 독거노인 증가, 긴급 지원대상자 발굴 등 맞춤형 복지서비스가 확대됨에 따라 이장 통장의 역할이 증가하여 수당 인상 필요성이 지속적으로 제기"되었고, "이에 따라, 이장 통장의 현장 활동의 적극성을 확보하고 책임감을 강화하기 위해 기본수당 기준액을 현행 30만 원에서 40만 원으로 인상할 계획"이라고 밝혔다.

평소 시골에서 이장이 해야 할 일이 많고, 그 역할이 중요하다고 생각했던 터라 정부의 이런 입장에 공감이 되지 않는 바는 아니다. 그러나 이렇게 10만 원 수당을 인상한다고 해서 내가 느꼈던 이장 제도의 폐해가 해결될 것 같지 않다는 것이 나의 문제의식이다.

때문에 비록 대통령의 공약을 실천하는 것이라고는 하지만, 올해 총선이 있다는 점에서 표를 의식한 선심성 행정이라는 일각의 비판이 무리가 아니라는 생각이 든다.

나는 마을 발전을 지원하는 일을 하면서, 이장이 어떤 사람인가에 따라 마을 발전에 엄청난 차이가 난다는 것을 경험하고 있다. 쇠락해 있던 마을이 이장의 노력으로 활력을 찾는 경우도 봤고, 마을 발전을 잘 이끌던 이장이 바뀐 후, 마을이 침체하는 경우도 봤다. 마을이 소멸하고 있는데도 여전히 살아왔던 방식대로 살아가고자 하는 이장을 보기도 했다.

대한민국 인구의 저수지 역할을 했던 촌이 소멸하고 있는 상황에서 무책임하고 무능한 그리고 부도덕하기까지 한 이장이 마을을 쥐락펴락하고 있다면, 단순히 한 개 행정리의 문제로만 볼 수가 없다.

중앙정부에서 아무리 좋은 정책을 만들어도 행정체계 상 가장 하부조직인 리의 이장이 움직이질 않으면 그 정책은 주민에게 전달되지 않는다. 또 좋은 취지의 정책 예산이 마을에서 잠시 효과를 내는 듯하다가 밑 빠진 독에 물 붓기 식으로 흔적없이 사라지기도 한다.

예산뿐만이 아니다. 지금도 '이장'을 포털에서 검색해 보면 이장의 전횡과 비리, 그리고 그런 이장을 중심으로 돌아가는 마을 분위기에 질려 역귀촌하는 사람들의 글을 어렵지 않게 볼 수 있다. 어렵게 결정해 시골로 가는 도시민들의 발길을 끊게 할 수도 있는 것이 바로 이장이란 존재다.

마을로 들어오는 돈을 막거나, 들어온 돈을 허투루 사용할 수도 있고, 마을로 들어오는 사람을 밀치거나 들어온 사람을 떠나도록 할 수도 있는 이장, 그런 이장이 주민 위에 군림할 수 있고 또는 수십 년 동안 계속 이장을 할 수 있는 이장 제도를 그냥 놔두고 소멸위기의 마을을 살리겠다는 것은 어쩌면 행정의, 행정을 위한 행정에 불과할 수도 있다. 그렇다면 현재 이장 제도의 문제점은 무엇인가?

이장은 이중적 성격의 지위를 갖고 있다. 〈지방자치법 시행령〉 제81조 2항에 이장은 '주민의 신망이 두터운 사람 중에서 해당 지방자치단체의 규칙으로 정하는 바에 따라 읍장 · 면장 · 동장이 임명한다'고 돼있다. 즉 이장은 법적으로 읍·면장이 임명하는 하급자다.

그런데 '임명' 전에 '지방자치단체의 규칙으로 정하는 바에 따라'라는 규정이 있다. 내가 살고 있는 가평군의 경우, 〈이장 임명에 관한 규칙〉에 '이장의 임명은 해당 리의 주민총회에서 선출된 사람 중에서 읍·면장이 임명'하며 '주민총회에서 선출'하게 되어 있다.

이 규정에 의해 가평군의 대다수 마을은 이장을 선거로 뽑고 상황이 여의치 않을 경우 주민총회에서 결정한다. 어느 경우든 주민에 의해 대표자로 선출되며, 전국적으로 대동소이하다. 이처럼 이장은 행정의 말단 하급자로서의 임명직과 주민 대표로서의 선출직이라는 이

중적 성격을 갖고 있다.

이런 이중적 성격은, 일제강점기 때 공동체의 대표 성격이 강했던 '이장(里長)'을 일제의 말단 통치기구인 '구장(區長)'으로 바꾼 것에서 잉태됐다. 해방이 돼서 이를 다시 주민 선출로 되돌렸으나, 1961년 5.16쿠데타 후 다시 이장을 읍·면장이 임명하는 것으로 바꿨고 이것이 1988년 지방자치법을 개정하면서도 바뀌지 않았다.

그만큼 리를 행정 또는 정치권력의 수중에 잡아두려는 중앙권력의 욕구가 현재의 모순적 이장의 지위를 만든 것이라고 할 수 있다. 이런 이장 지위의 이중성, 책임과 권한의 모호성은 풀뿌리 주민자치의 성장을 저해하는 구조적 병폐로 작용하고 있다.

읍·면에서는 매달 이장회의를 통해 행정 사항을 이장에게 전달하고, 이장은 이를 주민에게 알리고 실행해야 한다. 임명직이기에 그렇다. 반대로 읍·면장은 이장을 통해 마을의 민원을 수렴한다. 이장이 하는 얘기를 마을 주민들의 총의로 전제하고 전달받는다. 이장이 선출직이기에 가능한 일이다. 행정 입장에서는 넓은 마을을 두루 돌아다니지 않고, 주민을 일일이 만나지 않고 이장 한 명만 상대하면 되니 이처럼 편할 수가 없다.

그런데 만약 여기서 이장이 전달받은 행정 정보 특히 각종 개발 정보, 복지 정보 등 주민의 삶과 직결되는 정보를 주민들과 공평하게 공유하지 않고, 이른바 '이익의 카르텔'들만 공유하거나 본인만 알고 있다면, 그리고 자신의 이익이나 소수의 의견을 마치 주민 전체의 의견인 양 부풀려 행정에 전달한다면 그런 마을은 어떻게 되겠는가?

귀촌인들이 흔히 비판하는 상황도 이런 이장 지위의 이중성에 그 근본 원인이 있다고 본다. 귀촌인이 마을에 필요한 사업이나 부당 불법 사례를 담당 공무원을 찾아가 민원을 넣으면 담당 공무원은 대부분 이렇게 말한다. '이장님께 얘기했느냐? 이장님을 거쳐서 민원을 넣어라.' 라는 식이다. 담당 공무원으로서는 마을의 선출직 대표인 이장을 무시할 수 없기에 나름 명분 있는 응대다.

하지만 다른 한편으로는 이장을 거치면서 골치 아픈 민원을 누그러뜨릴 수도 있고, 도시에서 귀촌한 꼬장꼬장한 민원인보다는 이장을 상대하는 것이 편하니 그렇게 하는 것이다. 민원인과 담당 공무원이 1대 1로 만나 문제를 해결하는 도시에서의 방식과는 달리 중간에 이장이 끼는 상황이 귀촌인에게 낯설 수밖에 없다.

이장 입장에서는 어떤가? 당당하게 주민 대표로 뽑혔다는 자부심을 갖고 있는 이장은 자신이 모르는 마을 민원을 담당 공무원에게 듣게 됐을 때 해당 주민에게 무시당했다는 마음이 들 수 있다. 결국 한 번도 만난 적이 없는 귀촌인과 이장은 뭔가 불편한 상태로 첫 대면을 하게 된다.

이장이 주민의 봉사자로서 아량을 베풀 수 있는 넉넉한 사람이고, 귀촌인 또한 마을 이장과 시골 정서에 대한 이해가 있는 사람이라면 정말 다행이다. 그런데 귀촌인의 입장에서는 이장이 텃세를 부리는 것으로, 이장의 입장에서는 도시에서 온 귀촌인이 위세를 떠는 것으로 끝나는 잘못된 만남이 될 수도 있다.

정작 귀촌인이 제기했던 민원은 해결되지 않은 채, 이장을 비롯한

몇몇 주민에게 눈총을 받게 될 수도 있다. 상황이 이렇게 되면 귀촌인 마음속에서 울화가 치밀고 귀촌을 괜히 했다는 후회가 밀려올 수도 있다.

한편 이장도 이런 제도가 편치만은 않다. 좀 열심히 해보려는 이장은 종종 담당 공무원과 언쟁을 벌이기도 한다. 군수를 찾아가 큰소리를 치기도 한다. 마을 발전에 대한 애정과 선출직이라는 자부심이 있기 때문이다.

그러나 타 부서의 업무까지 살펴주면서 방법을 찾아주는 공무원을 만나지 못한다면, 그런 열정은 결국 하급 임명직이라는 이장의 신분적 한계를 넘어서지 못한다. 되는 것도 없고 안 되는 것도 없는 행정 주도의 상황 앞에서 이장은 냉소적인 사람이 되기 쉽다. 그리고 매년 한두 차례 역량강화 워크숍 같은 곳에 가서 성찬의 대접을 받으며, 어느새 이전의 열정은 자신도 모르는 사이 누그러지고 만다.

행정이 허용하는 딱 그 한도 내에서 선출직 이장의 권한과 마을의 주민자치는 멈춰있다. 행정 공무원의 전문성, 성실성, 공복 의식 등에 따라 주민자치도 들쑥날쑥이다. 이런 식으로 현재의 이장 제도는 주민자치를 고양시키기보다는 천천히 고사시키고 있다.

이런 상황 속에서 지방자치제도는 주민자치가 아니라 기초자치단체 행정의 자치에 머물러 있다. 중앙행정이 주민이 원하는 정책을 상향식으로 수립하라고 아무리 말해도 그 상향의 대표자가 되어야 할 이장이 행정의 말단 하급 직원인 상황에서 만들어진 상향식 정책은 무늬만 상향식 정책이 돼버리기 십상이다.

그렇다면 이런 구조적 한계를 뚫고 나가야 할 이장은 과연 어떤 사람이 되고 있는가? 2022년 말 기준 전국에 37,676명의 이장이 있다고 한다. 이들은 과연 어떤 분들일까?

일단 시간이 있는 주민이어야 한다. 시시때때로 행정 일을 봐야 하고 주민의 민원에 응해야 하므로 언제든 부르면 달려갈 수 있는 주민이어야 하기 때문이다. 그러니 고정된 시간에 일을 해야 하는 사람은 맡기 어렵다.

또한 농촌에서는 농협이 이장을 통해 마을 농사에 관련된 일을 도움 받는 경우가 많다. 때문에 이장은 대개 마을의 영농회장을 겸직한다. 농민 입장에서도 농업인이 이장을 맡는 것이 편하다. 그래서 마을에서 나고 살아온 선주민(이른바 토박이)이 이장으로 선출되는 경우가 많다.

선주민 입장에서는, 구구절절 구차한 사정을 얘기하지 않아도 자신의 사정을 잘 알고 있고, 정부의 지원 혜택 정보를 먼저 얻는 특혜를 얻을 수도 있는 혈연이나 학연으로 얽혀있는 사람이 당연히 편할 것이다.

결국 마을에서 계속 살아왔던 이른바 선주민 농민 또는, 그나마 시간 운용이 자유로운 선주민 자영업자가 이장이 될 가능성이 높다. 올해 이장 수당이 월 40만 원으로 인상이 된다면, 상여금 200%, 회의수당, 농협 수당 등을 합친 이장의 수당은 대략 월 60만원 수준이 될 것이다.

그런데 월 60만 원을 받고 아무 때나 부르면 달려가 온갖 민원을 처리해야 하고, 때로는 주민에게 욕도 먹고 공무원에게 아쉬운 소리도 해야 하고, 싫은 소리도 들어야 하는 일을 할 사람을 구하기가 쉽지 않다. 유휴인력이 있는 도시에서도 찾기 힘든 사람을 소멸위기의 초고령화 된 마을에서 찾기는 더더욱 힘들다.

상황이 이러니 역량이 부족해도 또는 이장 일 싫다고 해도 '마지못해 이장을 맡는 거니까 어려운 일 시키지 마라' 고 하는 주민을 이장으로 모셔야 할 판이다. 그렇게 뽑힌 이장이 마을 일을 열심히 또는 잘할리 만무하다.

다행히 마을을 위해 헌신하겠다는 주민이 이장을 맡는다 해도 대부분은 선주민 고령인이다. 2016년의 한 조사에 의하면 이장의 연령은 60대 이상이 52%로 과반을 넘었다. 이장의 평균 연령이 70대라는 보도도 있었다.

농업종사자와 노인 세대는 직업군과 세대군에서 각각 문해 능력과 정보화 역량이 최하위인 군이다. 그러니 스마트폰이나 컴퓨터를 원활하게 다루는 주민이 이장이 되는 경우가 드물다. 주민과 신속하게 정보 전달을 하거나 원만한 소통이 쉽지 않다. 주민을 대표해 행정과 협의할 때도 의견을 개진하거나 관철하는데 어려움이 생기기 쉽다.

이런 분들이 국가 총동원을 위한 통치기구로서의 잔재가 남아 있는 이장 제도를 뚫고, 풀뿌리 주민자치의 외연과 깊이를 넓히며 심화시킬 수 있을까?

대한민국 초고속발전의 중요 동력으로 우수한 인력을 꼽는 데는 이견이 없는 것 같다. 그 우수한 인력들은 촌을 떠나 도시로 간 인력들이다. 촌에 남아있는 선주민 중에는 우수한 인력이 거의 없거나 있더라도 고령화돼서 활동이 어렵다. 이런 상황에서 이장 수당 10만 원을 올리는 것이 어떤 의미가 있을까?

이상민 장관은 이장 처우개선을 발표하면서 '이번 처우개선을 통해 이장 통장이 주민과의 접점에서 더욱 활발하게 활동해줄 것을 기대' 한다고 밝혔다. 그 '기대' 가 '주민의 참된 봉사자로서 리 발전을 선도' 하는 이장을 만나는 요행에 대한 '기대' 처럼 들린다. 그런 기대는 정책 최고책임자의 언어는 아니라고 본다. 수천억이 소요될 이번 이장 처우개선이 '기대' 하는 바의 정책적 결실을 볼 수 있을까? 그저 헛웃음이 나온다. 그럼 어떻게 하면 좋을까?

고통, 접촉, 압력, 온도 등을 느끼는 우리 신체의 감각점은 감각 기관의 말단 부분에 많이 분포돼 있다. 그리고 각 감각점들은 몸을 위험으로부터 보호하기 위해 서로 협력하도록 정교하게 설계돼있다고 한다. 감각점은 그 위치가 말단일 뿐, 기능은 첨단이다. 말단 기관이자 첨단기관이다.

리(里)가 농·산·어촌 행정체계의 말단 조직이긴 하나 첨단 조직이라 할 수는 없을 것 같다. 이장 수당을 올려도 마을이 살아날 것 같지 않다고 생각하는 이유이기도 하다. 리를 그냥 단순한 말단 조직으로 놔두고서는 소멸위기의 마을을 살릴 수 없다는 것이 나의 경험 속에서 얻은 생각이다.

재난 현장의 현장 지휘자가 첨단지휘 능력을 발휘해야 재난 피해를 최소화할 수 있다는 것은 지극히 당연한 말이다. 인구가 소멸하고 있는 리는 재난지역과도 같은 곳이라고 생각한다. 그런데 그 리의 이장은 첨단 지휘자와 같은 능력을 발휘하고 있는가?

물론 이장 수당을 10만 원 올리면서 말단 조직을 첨단 조직으로, 이장을 첨단 지휘자로 만들 수 있다고 생각하지는 않는다. 그러나 사람으로 치면 병원 집중치료실에 들어가 가능한 모든 치료를 복합적으로 받아야 할 환자와 같은 소멸위기 마을들의 상황을 고려한다면, 이러한 결정이 안일하다는 생각을 갖지 않을 수 없다. '언 발에 오줌 누기' 라는 속담이 떠오른다.

인간의 뇌는 고통을 느끼는 감각이 없다. 신체 말단 기관이 느낀 고통이 신경세포를 통해 정확히 전달되지 않으면, 뇌는 말단 기관의 통증을 느낄 수 없다. 손가락이 잘라져서 피가 철철 흘러도 그냥 무감각하게 쳐다보게 된다. 대한민국 중앙권력의 의사결정 시스템이 고장난 말단 조직과 제대로 작동하지 않는 행정체계로 인해 마을의 고통을 느끼지 못하는 인간의 뇌처럼 된 것이 아닌지 걱정스럽다.

그동안 '마을만들기' 를 하고, 여러 마을을 지원한 경험 속에서 행정 말단 조직을 어떻게 첨단 조직으로 만들지, 말단 조직인 리에 대한 중앙권력의 감수성을 어떻게 높이고, 제대로 전달하고, 그에 따른 적절한 지원을 할 수 있을 것인지 제안해보고자 한다.

기본적으로 선주민과 귀촌인(귀향인 포함)의 협력적 리더십이 리 조직의 기본이 되어야 한다고 본다.

선주민은 마을에서 같이 살지 않으면 알 수 없는 암묵지와 같은 정보를 갖고 있으나 이를 세상의 흐름에 연결해 발전시키기에는 역부족인 경우가 많다. 그리고 귀촌인은 마을 일을 속도감 있게 추진할 수는 있으나, 그 마을만의 고유한 저력을 끌어내기에는 역부족인 경우가 많다. 그러므로 대다수의 리는 선주민의 리더십과 네트워크에 기대어 운영된다.

'거시기가 거시기 하니까 거시기 하지' 라는 말을 알아듣는 선주민과 공무원끼리 마을 일을 하는 기존 방식대로는 기존의 방식대로 소멸해 가는 것을 막을 수가 없다. 물론 흔하지는 않지만, 역량 있는 귀향인이 선주민과 귀촌인의 장점을 겸비한 지도력을 보이며 모범적인 마을을 만들기도 한다. 그러나 사람의 역량에 따라 좌우되는 상황은 지속가능하지 않다. 견제와 균형이 우리 헌법의 기본원리라는 점에서 풀뿌리 주민자치의 현장인 리에서도 견제와 균형의 리더십을 만드는 것이 바람직스럽다.

이런 리더십을 어떻게 만들 것인가? 이와 관련한 기존의 논의들은 마을의 상황에 따라 마을 주민을 대표하는 이장과 마을 사업을 주관하는 위원장을 따로 둘 것을 제안하는 경우들이 많았다.

또한 기존의 이장과 별도로 귀촌인 중심의 '청년 이장', '문화 이장' 과 같은 직을 둬서 운영하는 경우도 있다. 어떤 경우든 중요한 것은 우리가 이런 협력에 익숙지 않다는 점이다. 전국적으로 만들어진 농촌체험마을의 위원장과 마을 이장과의 불화, 마을기업 대표와 이장의 불화를 어렵지 않게 볼 수 있다.

물론 소통과 협력이 잘 되지 않는 것이 비단 촌의 문제만은 아니다. 매일매일의 뉴스에서 불통과 상쟁을 목도하며 '사회고위층이라는 사람도, 배웠다는 사람도 저러는데…'라는 국민교육을 받고 있는 상황에서 촌민들만 욕할 일도 아니다.

더구나 '부정편향'의 알고리즘을 활성화시켜 돈을 버는 SNS들이 판치는 세상에서 증오, 배제, 혐오의 늪에서 빠져나와 평화로운 숙의 문화를 만든다는 것은 우리 사회의 시대적 과제이기도 하다.

내가 제안하는 모델은 임명직이 아닌 선출직 이장과 마을활동가(로컬 크리에이터) 역할을 하는 귀촌인의 협력 그리고 두 리더의 협력을 지속적으로 지원하는 시스템이다. 기본 구상은 다음과 같다.

1. 귀촌인을 활용해 마을 발전을 희망하는 마을과 귀촌 희망 도시민을 선발해 연결하고 지원하는 중앙정부 사업 추진. 마을과 해당 지자체는 사업추진 주도 및 귀촌인의 정착 지원, 중앙정부는 귀촌인의 교육과 활동비 및 사업비 지원.
2. 마을 이장과 귀촌인 활동가가 같이 참여하는 사회적 경제 조직(법인) 설립 및 지자체와 중앙정부의 지속적인 중간지원.
3. 이 사업을 추진하고 중간 지원하는 지자체의 읍·면에 중앙정부 5급 사무관을 파견 근무케 하고, 근무한 사무관에게 서기관 승진 인센티브 제공.

위 세 가지 구상은 기존의 '마을만들기' 사업들과 유사한 점들도 있고, 전혀 새로운 제안도 있다. 핵심적인 차이점은 다음과 같다.

첫째, 기존 유사 사업과 결정적으로 다른 점은 '지역'이 아닌 '사람'에 집중한다는 점이다.

어떤 기업이 특정 지역에서 사업을 하려 한다면 그 일을 잘할 사람을 뽑아 파견한다. 실력도 검증받지 않은 현지인에게 큰 예산을 주고 일을 덜컥 맡기지는 않는다. 어느 마을을 부흥시키려면 역시 그 일을 잘할 사람을 그 마을에 보내야 한다.

기존에 이와 유사한 사업은 마을에서 실제 일할 전문가에 대한 고민 없이 마을에 살고 있는 사람들을 지원하는 격이었다. 그것이 '주민주도'라는 이름으로 진행됐다.

'주민주도' 뜻은 좋다. 그러나 마을에 전문성을 갖춘 주민이 없는 상황에서 추진되는 '주민주도'는, 위장된 '행정주도' 사업이거나 지역 토호들의 새로운 수익 사업처럼 된다는 것이 나의 경험이다.

사업의 결과가 밑 빠진 독에 물 붓기가 되니 주민은 행정 지원을 계속 요구할 명분을 갖게 되고, 지방행정은 주민이 주도하는 형태를 띠었으니 부실한 사업성과에 대한 책임을 면하면서 계속 예산을 요구할 명분을 갖게 되고, 중앙행정은 지역균형 발전을 위해서 예산을 사용했다는 명분을 챙기는 악순환이 거듭됐다.

이 악순환을 끊기 위한 출발점은 어쩔 수 없이 의지와 실력을 갖고 있는 사람이다. 그런 선주민과 귀촌인의 조합을 만들어내는 것이 필수적인 선결과제다.

둘째, 사업 전반에 견제와 균형의 원리를 반영한다는 점이다. 사람은 완벽하지 않고 집중된 권력은 늘 문제를 일으킬 소지가 있다. 공화정의 기본적인 전제이기도 하다.

앞 글에서 이장의 이중적 지위 – 선출직이면서 동시에 임명직 – 로 인해 발생하는 문제를 설명한 바 있다. 이장은 전적으로 주민 선출 방식으로 하는 것이 맞다고 본다.

마을활동가적 성격을 띄는 귀촌인은 행정에 의해 선발되고 월급받기 때문에 어쩔 수 없이 공무원에 준하는 지위를 갖게 될 것이다.

이렇게 되면 이장은 마을의 대의기관인 마을회를 대표하는 역할에 충실하고 귀촌 활동가는 마을 공복으로서의 역할을 하게 된다. 입법부, 행정부의 기능을 각각 마을 이장과 귀촌인 활동가가 역할 분담하며 마을에서도 민주공화적인 시스템이 작동하도록 해야 한다.

마을 내부, 마을과 지자체, 지자체와 중앙정부가 서로 견제하고 균형을 이루며 협조할 수 있도록 하려는 것이다. 선주민과 지자체 공무원이 이심전심 짬짜미를 하려한다면 중앙정부의 공무원인 귀촌 활동가가 견제를 하고, 선주민과 귀촌활동가가 불법과 해태의 유혹에 빠질 위험성은 지자체와 중앙정부가 견제를 하고, 귀촌활동가와 중앙정부가 현실을 도외시한 정책을 추진하려 한다면 마을의 대의기관과 지자체가 함께 대응을 하는 등, 최대한 견제와 균형의 공화정의 원리가 작동할 수 있도록 설계해야 한다.

이렇게 되면, 새로 선출된 이장이 설령 기존의 흐름을 거스르거나 뒤집으려 해도 쉽지 않다. 선주민, 귀촌인, 지자체 공무원, 중앙정부 공무원은 서로 건강한 긴장관계 속에서 공동의 비전을 갖고 협력적 실천을 하게 될 것이다. 그리고 지속적인 중간지원 속에 공동의 경험, 기억을 만들어 내는 교육 프로그램을 운영해야 한다. 민주공화정이 마을에서부터 시작될 수 있도록 하는 것이다. 이때 참여하는 귀촌인 활동가 로컬 크리에이터의 모습은 내가 주장하는 공정귀촌의 모습이기도 하다.

셋째, 마을에서 중앙까지 실질적으로 작동 가능한 행정 전달체계에 대한 설계다. 위 구상 첫째와 둘째가 말단 조직을 첨단 조직으로 만들기 위한 제안이라면, 세 번째 것은 우리 몸의 중추신경과 같은 전달체계를 만들기 위한 제안이다.

흔히들 '현장에 답이 있다'고 한다. 그런데 내 경험상 중앙은 촌을 너무 모른다. 중앙에서 만든 사업 계획들은 그 취지는 좋으나, 이상적인 업무 추진 여건에서 평균 이상의 사무 역량을 갖춘 사람들을 대상으로 만들어진 사업 설계라는 생각을 지울 수 없다.

그로 인해 현장에서 문제점이 생겨도 제대로 피드백이 안 된다. 전달체계에 벽이 느껴질 때, 촌민이나 지방공무원은 그 벽을 뚫어 문제를 해결할 수 없다. 촌민은 자신의 문제를 제대로 대변할 지위와 역량이 부족하고 지방공무원은 굳이 그렇게까지 하며 상부기관과 불편한 소통을 할 필요를 느끼지 않는다.

중앙에서 기안해서 전국적으로 시행되는 사업이 실제 현장에서 어떻게 적용되는지, 어떤 오류가 발생하는지에 대한 체계적인 피드백 시스템이 없다는 것이 내 생각이다. 그리고 사업 추진 과정에서 오류나 허수가 생겨도 수정되지 않고 각종 성과 지표가 보고된다.

어떤 기초지자체는 그 성과 지표 덕분에 상을 받기도 하지만, 지자체의 소멸위기가 개선됐다거나 지역균형이 발전됐다는 얘기를 듣지 못했다. '수백조의 예산을 썼는데 백약이 무효다'라는 식의 보도를 접할 뿐이다.

흔히 단군 이래 최고의 스펙을 갖고 있다고 얘기되는 요즘 청년들, 그 가운데서도 고시 패스한 5급 공무원 청년들이 대부분 도시에서 나고 자랐다는 점을 고려한다면, 그들에게 촌에서의 근무 경험은 국가공무원으로서 꼭 필요한 과정이 아닐까?

한편 기초지자체의 공무원은 중앙정부 공무원과의 원활한 소통과 협력을 목말라한다. 그래서 인적 네트워크를 만들기 위해 지연, 학연, 혈연을 통해 끈을 찾으려 하지만, 쉽지 않다.

세 번째 제안은 그런 말단과 중앙의 연결을 구조적으로 안정적으로 만들기 위한 제안이다. 말단을 첨단으로 만들고, 말단의 수요를 중앙이 신속하게 파악하기 위한 제안이기도 하다.

읍·면장은 5급이다. 읍·면장과 같은 5급으로 승진을 앞둔 국가공무원이 읍·면에 와서 현장의 상황을 파악하고 해당 지역에서 추진되고 있는 각종 국가사업들이 잘 진행될 수 있도록 소통촉진자로서의 역할을 하면서 기초지자체와 중앙정부 사이의 중간 매개자 역할을 한다면, 내실있는 성과들이 만들어질 것 같다.

그리고 그 공무원이 다시 중앙으로 돌아가 지방공무원과 소통을 한다면, 훨씬 현장과 밀착된 사업 추진을 할 수 있게 되지 않을까 싶다. 이런 시도를 일단 89개 인구감소 지역에서라도 먼저 시행을 해보면 어떨까?

인구감소 지역에는 매년 60억에서 120억의 예산이 지원되는 것으로 알고 있다. 그 예산이 예전처럼 허투루 사용되지 않기를 바라지만,

지금 사업의 작동 방식은 예전과 다를 바가 없어 보인다. 해당 지역의 허울 좋은 '주민주도'에 기댄 채, 지역에 사용될 사업비는 많지만 인건비가 책정되지 않아 사람에게 투자할 수가 없다.

얼마 전 충주시의 공식 유튜브 채널인 '충TV'를 운영하는 김선태 주무관에 관한 라디오 방송을 들은 적이 있다. 김 주무관은 '충TV'를 만들 때 '전혀 공무원답지 않게' 홍보물을 만든 것이 성공의 비결이라고 말했다.

소멸위기의 마을은 지금까지 '공무원답게' 일을 추진하면서 만들어졌다는 것이 부정할 수 없는 현실이다. 그렇다면 이제 소멸위기의 마을을 살리는 방법은 '전혀 공무원답지 않은' 방식으로의 획기적인 전환이 필요하지 않겠는가? 나의 제안이 그런 전환에 작은 단초라도 만들 수 있으면 좋겠다.

‘간병지옥’ 농촌,
‘마을요양원’에서 해결책을 찾자

2025년 12월 15일 칼럼

우리 사회가 평균 수명의 증가로 초고령화 사회가 되면서 생긴 중병이 있다. 바로 ‘간병’이다. 농담처럼 들리는 이 말을 농담으로 받아들일 수가 없다. ‘독박 간병’, ‘간병 지옥’, ‘간병 살인’과 같은 단어들을 심심치 않게 접하기 때문이다.

이런 상황에 대처하기 위해 정부는 <의료·요양 등 지역 돌봄의 통합지원에 관한 법률(돌봄통합지원법)>을 제정했고 내년 3월부터 시행 될 예정이다.

이 법은 ‘국가와 지방자치단체는 노쇠 등으로 일상생활 유지에 어려움을 겪는 사람이 살던 곳에서 생애 말기까지 건강하고 존엄한 생활을 영위할 수 있는 여건을 조성하도록 노력하여야 한다.’ (제4조 국가와 지방자치단체의 책무 ①항)라는 조항에서 보듯이, ‘살던 곳에서 건강하고 존엄한 삶 실현’을 위한 법적 기반을 마련하고, 간병에 대한 국가와 지자체의 공적 책임을 강화했다는 점에서 매우 긍정적인 법이다.

또한 ‘국가와 지방자치단체는 통합지원 대상자를 부양하거나 상담, 정보제공 및 필요 서비스를 제공하는 가족, 보호자 등의 신체적·

정신적 건강 유지·관리를 위하여 노력하여야 한다.' (제19조 가족 등 지원)라는 조항을 통해 가족 간병인의 건강한 삶까지 국가가 책임지도록 의무화했다는 점에서 국민에 대한 세심한 배려와 사람의 온기가 느껴지는 법이라고 평가할 만하다.

그런데 농촌의 경우 의무가 아닌 임의규정, 즉 '둘 수 있다' 로 돼있어 제대로 서비스가 이뤄질지 우려가 된다. 농촌은 고질적인 인력난(공중보건의 부족 등)과 재정 및 인프라가 취약하고, 마을 주민들이 초고령화 돼 있고, 문해력 및 정보화 역량이 낮으며, 외곽 마을까지 서비스 지원이 어려운 상황 등을 고려할 때 반드시 '통합돌봄 전담 조직' 의 설치가 필요하다.

이런 이유로 전문가들은 공동체 활동과 통합 돌봄을 연계해 마을 활동가가 직접 참여해야 한다고 강조하고 있다. 이런 문제의식 속에서 내가 공동의장직을 맡고 있는 <경기북부특별자치도 범도민추진위원회>는 가평군에서 '육아·돌봄 자립마을' 을 주제로(2025년 12월 9일) 토론회를 개최했다.

토론회 발제문 중 한 가지 주제는 <'요람에서 무덤까지' 마을에서 이루어진다면> 이었다. 마을에서 다양한 돌봄 봉사 활동을 하고 있는 김현주 간병인의 발제였다.

김현주 씨는 자신이 부친을 호스피스 병동에서 돌보고 임종을 함께한 뒤 호스피스 병동의 간병인으로 일한 경험과 마을활동가로서 알고 있는 마을 주민의 상황에 관해 두루 경험한 내용으로 발제했다.

김현주씨의 아버지를 담당했던 의사는 통증을 줄이기 위한 주사를 놓으며, "어르신 감사합니다. 농사짓는 어르신 같은 분 덕분에 우리가 살았습니다."라고 늘 얘기했다. 그 후, 호스피스 병동에서의 삶을 부정했던 아버지는 자신의 삶에 대한 자존감이 높아져 죽음을 수용하게 되었고, 그동안 미안했던 사람들에게 전화해 사과하고, 고마웠던 사람들에게 고마운 마음을 표현했다고 한다.

또 그 전화를 받은 사람들이 아버지를 찾아오자 김현주씨 아버지는 함께 살아왔던 가족과 동네 사람들 옆에서 "나 정말 잘 살았어. 이제 이 세상에서 쓸 에너지는 다 썼어. 다음 세상에 가서 좋은 자리 맡아 놓고 기다릴 테니 천천히 와."라는 말을 딸과 지인들에게 전하고 생을 마감했다 한다.

이런 경험을 하면서 "이런 일이 가평에서 일어날 수 있나면, 우리 동네에서 가능하다면, 돌아가시기 전에 자존감을 상승시키면서 돌아가시는 방법이 있다면 그 일을 해드리고 싶다. 그런 생각이 들었다."고 한다.

그러나 김현주씨가 간병인으로 보는 현재의 일반적인 간병 상황은 전혀 달랐다.

"일단 병원이라는 데는 아예 침대에서 못 내려오게 해요. 침대에서 내려오는 순간 낙상 사고가 일어나기 때문에 그냥 기저귀를 채워요. 환자가 들어가면, 더 환자가 되는 거예요. 재가복지센터나 주간복지센터를 이용하다가 요양원으로 가고 그러다가 병원에 오셔서 다 누워계시는 거죠. 어르신들은 그렇게 돌아가시는 게 필수 코스인 것처럼 말씀하세요. 우리 마을에도 마을 일 앞장서서 하시던 아저씨가 일하다 뇌를 다쳐 병원에 입원하셨는데, 자녀분들이 아저씨를 병원에서 모셔오지 않는 거예요. 그 이유가 기저귀를 갈아 줄 수가 없어서 그러는 거래요. 벌써 3년이 흘렀어요. 아저씨 병원에 가보니 정말 한 평도 안 되는 침대에 누워 천장만 보고 계셔요. 그 분이 나을 수 있을까요? 불가능해요."

이 얘기를 들으며 눈물을 머금어야 했다. 어머니가 바로 그런 침대에 누워계시기 때문이었다. 요양병원에 어머니를 모셔두고 이런 토론회를 주관하고 있는 내 모습에 자괴감이 들었고, 뼈만 앙상하게 남아 침대에 누워계신 어머니의 모습이 떠올라 죄스러움에 가슴 속에서 진정하기 힘든 파문이 일었다.

혼자 사시던 어머니가 낙상 사고로 인한 골절로 수술을 받으셨고, 수술 후 치매 증상이 심해지셨고, 나는 정상적인 직장 생활이 어려워졌고, 어머니 곁에서 잠을 설치며 간병하는 시간들을 보내다가 결국 내가 어머니 간병을 할 수 없겠구나 판단하고 요양병원에 모셨다.

그리고 이제 2년여가 지났고 어머니는 '한 평도 안 되는 침대' 위에서 삶을 지속하고 계시다. 처음 병원에 모셨을 때 내가 느꼈던 우울함, 허무함, 무력감, 죄책감 등 심리적 어려움들이 이제는 무뎌졌지만, 김현주 씨의 발제를 들으며 그 감정들은 사라진 것이 아니라 내 세포 곳곳에 똬리를 틀고 있었다는 듯 솟구쳐 올라왔다.

"마을 안에서 아프다가, 마을 안에서 위로받고, 마을 안에서 돌아가신다는 거. 마을 사람들이 간병인이 되고 사무장이 돼서 마을 사람들이 죽음 직전까지, '아이고 영감 잘 살았어', 혹은 '네가 열심히 일

했기 때문에, 그 덕분에 우리가 이렇게 살아. 정말 고마워.' 이렇게 말해드리면, 돌아가시는 분도 '아, 우리 마을은 진짜 이렇게 날 인정해주는구나!' 하시며 자존감이 높아지게 되지요.

마을회관에 물리치료실을 만들고, 마을 사람 중에서 사회복지사를 키워내고, 또 마을 사람들을 간병인으로 키워내고, 마을 안에 마을 의사까지는 아니더라도 마을 간호사가 있고, 물리치료도 받을 수 있다면, 제대로 보상받는 것 같을 거예요.

내가 열심히 일하면, 내 마을에서 나를 이렇게 돌봐줄 테니 얼마나 고마워요. 그리고 편안할 거 같은 거예요. 내가 태어나고, 자라고, 몸 바쳐 일하고, 죽는 이곳이 세상에서 가장 좋은 곳이라고 느껴지겠지요. 그리고 죽음에 대해서도 한결 마음이 가벼워질 거예요. 죽음이 두려운 것이 아니라, 잘 살았으니까 잘 갈 수 있는 거라는 생각을 하게 해주는 경기북부특별자치도 그리고 가평군을 꿈꿉니다."

김현주씨의 발제가 끝나고 토론자로서 자리에 앉은 나는 내 상황을 얘기하다가 눈물을 참지 못하고 한동안 말을 잇지 못했다. 그런데 이 슬픔은 다른 분들도 다 공감하는, 남 얘기 같지 않은 상황이다. 그런 삶을 우리는 함께 살고 있다. 간병이 우리 사회가 함께 겪고 있는 중병임을 확인하는 순간이기도 했다.

우리 가족은 부족하게나마 어머니를 병원에 모실 수 있는 경제력이 있었지만, 그렇지 못한 가족 간병인들은 나 같은 선택도 할 수 없는 상황일 수도 있다. 그런 이들에게 간병은 때로 지옥일 것이다.

'오랜 간병에 효자 없다'는 말도 있지만, 지금의 상황은 이미 심각한 수준에 들어선 것으로 보인다. <간병 살인의 실태와 유형별 특성 분석>(치안정책연구소/2024.4)에 따르면 2007년부터 2023년까지 17년간 형사법원에서 확정된 간병 살인은 총 228건으로 연평균 13건이다.

이런 통계는 간병살인이 더 이상 개인의 문제가 아닌 사회적 문제로 다뤄져야 한다는 것을 강력하게 시사하고 있다. 이미 우리 보다 초고령사회에 먼저 진입한 일본의 경우 지난 16년(2007~2022)간 총 689건의 간병(일본은 '개호介護'로 표현) 살인이 발생해 연평균 46건, 월평균 3.8건의 간병 살인이 발생했고, 총 689건의 간병 살인 중 고의적인 살인 범죄가 631건(91.6%)으로 가장 높은 비율을 차지했다고 한다. 이에 일본은 간병살인을 사회적 문제로 인식하여 2007년부터 경찰청 공식 범죄 통계에 간병 살인을 포함하고 있다고 한다.

나는 이전 한 컬럼에서 농촌의 노인 돌봄 수요 상황을 얘기하며 '마을요양원'의 필요성과 그 요양원에서 일할 사람들로서 사회복지사, 요양보호사, 물리치료사 등의 관련 일자리를 갖고 귀촌을 하는 공정귀촌을 제안한 바 있다.

베이비붐세대(1955~1963년생)는 그 큰 인구 구조로 인해 그 세대의 성장에 따라 우리 사회의 모습을 변화시켜 왔다. 2028년 이면 베이비붐세대가 모두 초고령화 연령으로 진입을 한다. 이제 그 세대가 변화시킬 우리 사회의 노년 모습은 어떻게 될까.

이미 베이붐세대는 본인들의 부모님 또는 본인들이 간병이라는 중병을 앓고 있고, 우리 사회 복지를 키우는 든든한 세금 납세자에서 이제 국가 재정지출에 큰 부담을 지우는 세금 수혜자로 바뀌게 되었다.

내년부터 시행되는 <돌봄통합지원법>은 "국가와 지방자치단체는 통합지원에 필요한 전문인력의 양성 · 확보 및 자질의 향상에 필요한 시책을 강구하여야 한다"(제24조전문인력의 양성 ①항)라고 규정하고 있어서 지방자치단체가 돌봄 관련 전문인력을 '양성 · 확보 및 자질의 향상' 하는 것이 의무화됐다. 농촌 마을에 돌봄 관련 일자리가 늘어날 계기가 마련된 것이다.

초고령화 된 촌에 전문 인력으로 일할 인력이 부족하다는 점을 고려하면 도시민들 특히 일할 의지와 여력이 남아있는 베이비붐 세대가 귀촌해 마을 주민으로 함께 살며 새로운 일자리를 찾고 돌봄 자립마을 공동체를 만드는 일에 기여할 수 있는 가능성도 높아졌다. 내년 <돌봄통합지원법>의 시행과 함께 초고령화된 농촌을 돌봄자립마을로 만드는 공정귀촌이 늘어날 것을 기대해 본다.

잉태부터 영면까지 평안을 더하는 곳

나는 복지 이전에 주권을 생각한다. 가평군민은 행정의 대상이나 수혜자가 아니라, 가평군이라는 거대한 공동체의 공동 소유주다. 주인이 배당을 받고, 주인이 스스로를 보호받고, 주인이 예우받는 것은 복지가 아니라 '권리'다. 이런 관점에서 나는 가평군 마을공화국의 군민은 생애 주기(Life Cycle) 전체를 공동체가 함께 책임지는 '존엄의 관계망'으로 묶여야 한다고생각한다.

1. 잉태 (The Beginning) : 새로운 주인의 도착 아이를 갖는 것은 부모만의 경사가 아니라, 마을의 경사다. 잉태와 동시에 부모는 생명평화공동체 부모·부부 교육을 통해 누구나 처음 걷게 되는 길을 평안하게 준비할 수 있도록 돕는다. 출생과 동시에 아이는 가평군의 지분을 가진 주인이 된다. 출산 돌봄부터 산후조리, 1,000만 원의 정착 지원까지 마을이 따뜻한 둥지가 되어야 한다.

2. 성장 (Growth) : 차별 없는 기회 부모의 지갑 두께가 아이의 미래를 결정하지 않게 한다. 100원 택시로 어디든 가고, AI 패스로 무엇이든 배우며, 청소년 주도의 자율학교인 '평평학교'에 다닌다. 가평군은 청소년 스스로 민주공화적 덕성을 키우며, 입시 기계가 아닌 '삶의 주인'으로 성장하는 공평한 배움터가 된다.

3. 자립 (Independence) : 빚 없는 출발 그리고 평안한 삶터 사회에 나가는 청년에게 빚 대신 '집'을 준다. 성년이 되는 날 쥐여주는 공정주택(K-CLT) 입주권은 "네 뒤에 항상 우리가 있다"는 공동체의 보증수표다. 가평군의 친환경 생태 자원과 관광자원 그리고 삶을 지속하기위한 일거리들은 가평군의 매력적인 일자리로 새롭게 탄생해 가평군은 서로 연결되고 순환하는 자립적인 삶터가 된다.

4. 영면 (Rest) : 마지막 예우 평생 마을을 지킨 주인의 마지막 길을 쓸쓸하게 두지 않는다. 살던 곳에서 존엄을 지키며 노후를 보내고, 주민들의 따뜻한 배웅을 받으며 영면의 길에 나선다. 마을기를 조기로 걸고, 이장이 상주가 되어 배웅한다. 당신의 삶이 존귀했음을, 마을 전체가 기억하게 한다.

무아(無我, moi) 농장. 한자 무아(無我)는 '비우는 나' 불어 무아(moi)는 '채우는 나'의 의미로 지은 우리 집 농장 이름이다. 씨앗 받는 농사를 지으며, 도시에서 알았던 나를 비우고, 50년간 몰랐던 생명을 나의 것으로 채우고 있다.

5부

촌스러운 가평과 대한민국

2015년 자라섬 재즈페스티벌 때 3층 옥상에 팜파티 공간 조성을 하면서 계단을 오르내리며 통나무 원목을 옮겼다. 다 옮기고 나서 으라차차!

공정귀촌이 부르는 세레나데

2024년 10월 1일 칼럼

지금 내가 이 글을 쓰고 있는 곳은 가평군 상색리 마을회관이다. 옆에는 주민취타대가 연습 중이다. 저녁 시간, 일을 마치고 온 주민들이 태평소, 나발, 나각, 용고, 자바라, 징을 치며 연주 연습을 하고 있다. 10월 10일 개최하는, 올해로 3회째 맞는 <중종대왕 태봉문화제>에 등장할 취타대다. 가평군에서는 처음으로 시도하는 취타대이기도 하다. 1, 2회 문화제 때는 취타대 연주 파일을 틀고 행진을 했었는데 드디어 올해 실제 연주를 하며 행진을 하게 됐다.

중종대왕 태봉은 1507년 가평현을 가평군으로 승격시킨 가평군의 부모와 같은 유적이다. 그 유적이 투명인간 같은 같은 푸대접을 받는 게 보기 안쓰러웠고, 귀촌한 지 6년 만에 집을 짓고 살게 된 마을에 내가 뭔가 기여를 하고 싶은 마음이 뒤섞여 3년 전 문화제를 기획했다.

굴러들어 온 돌이 벌이는 일에 박혀있던 돌들이 몽니를 부려 우여곡절이 있었지만 그래도 속 깊은 선주민들이 지켜주고, 뜻 맞는 귀촌인들이 함께해 문화제를 꾸려나가고 있다. 올해 취타대까지 만들어 행진을 하게 되니 기획한 사람으로서 흥분되는 일이다. 초등학생부터

60대까지 남녀노소가 어우러지고, 주민 중에 취타대 지도 선생도 참여해 만들어진 주민취타대는 내게는 기적 같은 모습이다.

취타대가 연주하는 '무령지곡'을 들으며 감회에 빠져있는 지금의 몇 시간 전에는 '대동법 명재상' '조선시대 최고의 경세개혁가'로 일컬어지는 잠곡(潛谷) 김육 선생의 추모제를 진행하고 있었다.

내가 이 추모제에 참여하기 시작한 것은 2016년부터다. 가평군으로 귀촌하고 4년째 되는 해였다. 그전에는 잠곡 김육이 누구인지 몰랐다. 그저 그런 인물을 촌에서 모시는 줄 알았는데 알고 보니 중종대왕 태봉과 마찬가지로 이렇게 푸대접받을 분이 아니었다.

'잠곡'은 흔히 청평안전유원지로 잘 알려진, 예전 강변가요제가 열렸던 청평의 중심지, 청평4리다. 잠곡 김육 선생은 이곳에서 10년을 움막 지어 살며 농사짓고, 땔감을 한양에 내다 파는 밑바닥 민중의 삶을 살았다. 이때 선생은 대동법의 필요성을 절감한 것으로 알려진다.

자네 집에 술 익거든 부디 나를 부르시소
초당에 꽃 피거든 나도 자네 청하옴세
백 년 덧 시름 없을 일을 의논코저 하노라

학창 시절 어느 술 좋아하는 한량 선비가 지었으려니 생각했던 시조의 주인이 잠곡 선생이었다. '백년 덧 시름없을 일' 이야말로 대동 세상을 만들고자 하는 일이었다. 인조반정 후 다시 조정에 나가 훗날 영의정에 오르면서 거처를 이곳저곳 옮기기도 했지만 선생은 '잠곡' 이라는 호를 버리지 않았고 노년에 이런 시를 짓기도 했다.

…
울 아래엔 소나무와 국화를 심고, 동산에는 복숭아와 밤을 심었지
맑고도 찬 계곡물을 길어 마시고, 소슬 부는 골짝 바람 소리 들었지
약초 캐러 구름 뚫고 산 올라갔고, 낚시한 뒤 달빛 안고 돌아왔었지
나무하는 늙은이나 농사꾼들과 세월이 오래됨에 사귐 깊었고
가을 서리 내리면 추수 서둘고 봄비가 내릴 적엔 밭을 갈았지
손님 오면 웃옷을 벗은 채 웃고, 산골 술상 따로 차릴 것이 뭐 있나
수건으로 동이 속의 술을 거르고 물고기에 나물 무침 그거면 됐지
맑은 담소 나누면서 소원함 펴고 큰 소리로 노랫가락 흥을 돋웠지
창밖에는 푸른 산 가득 널렸고 집 안에는 난초 향기 가득도 했지

어쩌다가 밝은 시대 연모하여서 훌쩍하니 오두막집 하직했나

– '가소음(可笑吟)에 공경히 차운하다' 중 –

위 시의 무대가 바로 잠곡이다. 한양 마포 출생으로 성균관의 학생회장 격이던 선생은 광해군 시기(1613년) 정쟁을 피해 잠곡으로 들어와 산 귀촌인이었다. 마치 지금 도시사람들이 자연인으로 살고 싶은 로망을 실현하기 위해 귀촌하듯, 선생은 자연인처럼 살았다. 위 시는 선생이 잠곡을 떠난 지 20년이 지나 64세에 지은 시다. 강산이 두 번 변했고 선생은 높은 벼슬에 올랐지만 여전히 선생은 '밝은 시대'를 '연모' 했던 '잠곡' 을 잊지 못하고 있었다. 400년 가까운 시간을 뛰어넘어 지금 밝은 시대를 연모하며 잠곡에 발붙였던(청평은 나의 첫 귀촌지였다) 나는 선생과 묘한 동병상련을 느꼈다. 가평군이 고향이 아니면서도, 그곳을 짝사랑하듯 그리워했던 선생, 여전히 가평군에서 굴러온 돌 신세를 못 면하고 있는 나는 잠곡 김육 선생과 묘한 동질감을 느꼈고, 어쩌다보니 지금은 기념사업회의 사무국장으로서 추모제의 거의 대부분을 담당하게 되었다. 오늘 추모제를 마치고 청풍 김씨 문중 어르신들의 진심 어린 감사의 말씀들을 들으며, 이 일에서 벗어나긴 쉽지 않겠구나 하는 생각이 들었다.

이 글을 쓰고 나면 난 이틀 뒤 개천절에 열릴 축제 준비에 매진해야 한다. <해와 달이 축제>다. 독자는 혹시 해와 달의 고향을 아는가? 우리 전래동화 속 <해와 달이 된 오누이>에 그 답이 있다. 그 답을 간직하고 있는 마을이 바로 청평면 상천4리 감천마을이다. 이곳에서 호

랑이를 피해 하늘로 도망가 해와 달이 된 오누이처럼 간절한 소망을 하늘에 비는 축제. 몇 년을 걸려 주민들과 함께 만들어 낸 축제다. '저 놈이 저러다 떠나겠지' 하는, 나에 대한 마을의 신원조회를 통과했기에 가능한 일이기도 하다.

마을 주민들은 독자적으로 깨끗한 생수페트병을 모아 분리배출하고 페트병 뚜껑으로 소망을 기원하는 링(이름은 리멤버링이다)을 만들었다. 이 링을 마을의 유명 관광지인 호명호수 전망대에 걸며 지속가능한 자원순환마을을 소망하고 있다. 오누이가 간절했듯이, 나도 간절했고, 이제 마을 주민들은 이 축제가 잘 되길 간절히 기원하고 있다. 지성이면 감천이라 했으니 감천마을의 이야기로 좋은 일이다.

귀촌을 해서 산다는 건 문득 문득 '내가 이방인 취급을 받고 있구나' 하는 것을 느끼며 사는 것이기도 하다. 내가 그 이방인 느낌을 이겨내며 귀촌 생활을 할 수 있었던 이유는 귀촌을 통해 이루고자 하는 뜻이 있기 때문이다. '인류세(人類世, Anthropocene)'라고도 불리는, 인간 활동이 지구 환경을 크게 바꿔버려 지구 대멸종의 환경을 만들고 있는 이 시대를 다시 생명력이 넘치는 초록별 지구로 회복시키는 나비효과의 날갯짓 같은 실천을 하고 싶은 뜻, 도시가 빨아들인 촌의 생명력을 다시 되돌려놓고 싶은 대속자 같은 역할을 하고 싶은 뜻이 그것이다.

'공정귀촌'은 그런 뜻을 표현하고픈 말이기도 하다. 푸대접 받는 가평군의 소중한 유산들을 대접하고자 하는 내가, 푸대접을 받는다고 생각할 때는 속이 많이 상하지만 '덕불고 필유린(德不孤 必有隣)'이

라고, 귀촌에 대해 많은 회의가 들었을 때 나를 붙드는 이웃들이 있었다. 그 이웃들 중에는 역사 속에서 만나는 이들도 있다. 같은 공간에서 다른 시간대를 살았던 이웃들. 그중에서도 잠곡 김육 선생이 바랐던 토지 정의, 조세 정의는 여전히 우리 시대가 풀어야 할 과제이다.

온 우주의 기운을 소중히 여기며 생명의 탯줄을 소중히 다뤘던 생명존중문화는 이제 파멸적인 자본주의 소비 문명의 장신구처럼 돼버렸기에, 4백여 년 전, 7백여 년 전에 지금 내가 서있는 곳에 서있었을지도 모르는 이들이 현재 이 땅을 점유하고 있는 이들보다 더 친근한 이웃처럼 느껴지기도 한다. 그리고 전래동화 속 이야기로 마을 축제를 준비하다 보니 초록빛 꿈을 꾸던 동심 속 이웃들을 만나기도 한다. 세월의 때가 묻지 않았던 동무들이다.

취타대 연습이 막바지다. '무령지곡' 연주가 힘차다. '무령지곡'의 역사는 고구려까지 올라간다고 한다. 오는 10월 10일 고구려까지는 아니더라도 조선시대 내가 살던 마을에 울렸을 '무령지곡'이 되살아날 것이다. 그때 또 같은 공간 다른 시간대의 이웃들을 만나게 될 것 같다.

10월 3일 <해와 달이 축제>에서는 주민 합창단의 동요가 울려퍼질 것이다. 그 동요를 들으며 영원할 것 같은 세상에서 무지개빛 꿈을 꾸었던 천진난만한 영혼 속 동무들을 소환해 낼 수 있을 것이다. 호랑이를 피해 해와 달이 된 오누이의 소망이 이뤄졌던 것처럼, 호랑이보다 더 무서운 대멸종을 피하는 소망을 이루고픈 동료 이웃들을 만나게 될 것이다. 공정귀촌을 했기에 내가 만나게 되는 세상이다. 그 세상에서 지금 내가 하고 있는 일들을 함께 할 수 있는 새로운 공정귀촌인의 탄생을 소망한다.

스토리텔링 콘텐츠의 보고 잠곡 김육

2021년 9월 27일~10월 25일 기고한 글 모음

대동법은 한국사 교과서에 실려있고, 각종 시험의 한국사 시험에서도 자주 출제되는 조선시대 대표적인 조세개혁 제도다. 잠곡 김육 선생은 그 '대동법의 명재상'으로 일컬어지고, 그래서 조선시대 최고의 경세개혁가 라는 칭송을 받는 분이다. 대동법이 있었기에 조선은 임진왜란과 병자호란이라는 엄청난 국란을 겪은 후 붕괴 위기의 국가경제를 안정시킬 수 있는 토대를 만들었다.

대동법은 집에 매기는 세금이 아니라 땅에 매기는 세금이었다. 그러니 대동법 이전에는 농지를 많이 가진 양반 집과 적게 가진 가난한 평민 집이 같은 세금을 냈다면, 대동법 시행 이후에는 농지를 더 많이 가진 양반이 더 많은 세금을 내게 됐다. 더 많이 번 사람에게 더 많은 세금을 걷고, 토지 불로소득을 견제하는 공정과세였던 것이다.

당연히 토지를 많이 가진 양반층의 저항이 컸다. 이 저항을 뚫고 정파의 이해를 넘어 백성을 편안하게 하고 국가를 부강하게 만들기 위해, 즉 안민부국(安民富國)을 위해 평생을 목숨 걸고 대동법을 추진한 분이 바로 잠곡 김육 선생이다. 이 분의 호 '잠곡(潛谷)' 은 지금의 청평4리 안전유원지 지역을 뜻한다.

성균관의 대표 학생 격이었던 청년 김육은 광해군 시기(1613년)에 정쟁을 피해 고모부의 연고지인 잠곡에서 가난한 민초로 살았다. 움막 짓고 농사 지으며 땔감을 만들어 한양에 가져다 팔면서 진짜 농부로 살았다. 한 번은 이웃 농부에게 하루 빌린 소로 밭을 가느라, 어렵게 찾아 온 양반 친구를 하루종일 기다리게 할 정도로 가난한 농부로 살았다.

김육 선생은 초야에 묻혀 조용히 살고자 하는 자신의 뜻과 잠긴 계곡(잠곡)이라는 지명이 서로 통한다는 생각에 자신의 호를 '잠곡'이라 지었다. 그리고 인조반정(1623년) 후 관직에 발탁돼고 이후 영의정에 오르고 숨을 거둘 때까지 '잠곡'이라는 호를 버리지 않고 계속 사용했다. 그리고 힘든 난관을 겪을 때마다 '잠곡'에서의 생활을 그리워하며 시를 쓰곤 했다.

(전략)
울 아래엔 소나무와 국화를 심고, 동산에단 복숭아와 밤을 심었지
맑고도 찬 계곡물을 길어 마시고, 소슬 부는 골짝 바람 소리 들었지
약초 캐러 구름 뚫고 산 올라갔고, 낚시한 뒤 달빛 안고 돌아왔었지
나무하는 늙은이나 농사꾼들과 세월이 오래됨에 사귐 깊었고
가을 서리 내리면 추수 서둘고 봄비가 내릴 적엔 밭을 갈았지
손님 오면 웃옷을 벗은 채 웃고, 산골 술상 따로 차릴 것이 뭐 있나
수건으로 동이 속의 술을 거르고 물고기에 나물 무침 그거면 됐지

맑은 담소 나누면서 소원함 펴고 큰 소리로 노랫가락 흥을 돋웠지
창 밖에는 푸른 산 가득 널렸고 집 안에는 난초 향기 가득도 했지
어쩌다가 밝은 시대 연모하여서 훌쩍하니 오두막집 하직했나"

- (잠곡유고) 중 '가소음(可笑吟)에 공경히 차운하다' / 시를 통해 본 김육의 현실인식(이정철) 재인용

시에서 묘사하는 곳이 바로 '잠곡'이다. '잠곡'은 경세개혁가 김육의 마음의 고향이었고, '잠곡'의 '오두막집'은 '밝은 시대'를 '연모'했던 초심의 둥지였다. 김육 선생은 '잠곡'을 평생 잊지 않았다. 그러나 '잠곡'은 아니, 가평군은 '잠곡 김육'을 기억하고 있는가?

서울-양양 고속도로가 개통된 뒤 가평군으로의 관광인구가 줄어들었고, 그래서 가평군에 뭔가 '특별한' 관광 거리가 있어야 된다는 얘기를 자주 듣곤 한다. 맞다. 그렇다면 그 '특별한' 관광 거리를 어떻게 만들어야 할까? 돈을 들여 '최고'(the best)라고 뭔가 만들어 인기를 끌면, 다른 곳에서 더 많은 돈을 투자해 더 높게, 더 크게, 더 길게, 더 화려하게 새로운 '최고'를 만들곤 한다.

돈으로 만들 수 있는 '최고'는 그래서 지속 가능하지 않다. 한때 희소성이 있었던 '출렁다리'를 보면 이해할 수 있다. 관광객이야 새로 생기는 전국 '최고'의 출렁다리를 계속 찾아다니며 즐길 수 있을지 모르나, 관광지 입장에서는 '최고'의 지위를 잃은 뒤 '재방문'을 어떻게 이끌어내야 할지가 고민일 수밖에 없다. '최고'의 자리를 탈환하기 위해 금방 또 새로운 투자를 하기도 어렵다. 그렇다면 '특별함'을 어떻게 지속할 것인가?

그래서 이야기의 힘이 필요하다. 특정한 시간과 장소에서 기승전결을 갖춘 이야기는 다른 곳에서 더 특별하게 탄생할 수가 없다. 유일(the only)하기 때문이다. 이런 유일한 곳에서 찍은 한 장의 사진이 바로 '특별한' 것이다. 이런 이야기의 힘을 갖고 있는 자원, 바로 스토리텔링 콘텐츠가 가평군에 필요한 이유다.

'특별함'을 만드는 것 중에 대표적인 것이 바로 역사다. 아무리 돈을 들여도 과거의 역사를 지금 또는 미래에 만들어낼 수는 없다. 대대로 물려 내려오는 식당의 맛을 설령 과학적으로 똑같이 만들어낼 수 있다 하더라도 그 식당을 지켜내기 위해 수 대에 걸쳐서 만들어진 이야기는 그리고 그 이야기로 인해 생기는 감동은 똑같이 만들어낼 수 없다. 따라서 그 맛도 결국은 같을 수가 없다.

과거 어떤 인물이 나고 자라고 생활하며 만들어진 이야기 또한 지금 다시 만들 수가 없다. 이런 역사문화 자원은 이미 돈으로 환산할 수 없는 특별함을 갖고 있기에 상대적으로 적은 투자로도 높은 성과를 낼 수 있는 가성비 높은 자원이기도 하다. 각 지자체에서 역사적 인물이나 과거의 문화를 복원해 역사문화 스토리텔링 콘텐츠를 만들려고 노력하는 이유가 여기 있다.

자네 집에 술 익거든 부디 나를 부르시소
초당에 꽃 피거든 나도 자네 청하옴세
백 년 덧 시름 없을 일을 의논코저 하노라

– 잠곡 김육

선생이 잠곡(지금의 청평4리)에 계실 때 지은 것으로 알려진 시조다. 술 익을 때쯤 벗과 함께 술을 먹으며 좋은 세상을 만들 '백 년 덧시름 없을 일'을 함께 얘기해 보고 싶다는 뜻을 정감있게 담았다. 이 시조를 통해서 선생이 대동법 등 훗날 추진할 안민부국 정책들의 필요성을 절감하고 구상한 곳이 바로 잠곡이었음을 알 수 있다.

지금 청평4리 주민들은 수제맥주를 몇 년째 만들며 수제맥주 축제를 추진하고 있다. 수제맥주 축제를 하는 곳은 많지만 이렇게 역사 이야기와 마을공동체의 활동이 딱 맞아떨어진 곳은 없다. '잠곡로'는 현재 7080 청평고을 조성 사업이 펼쳐지는 바로 그곳이다. 가평군은 농식품부 신활력플러스 사업을 추진하며 마을 구석구석에 양조장을 만들기 위해 지원하고 있다. 가평군에는 이미 유명한 막걸리 공장도 있고, 수제맥주 공장도 있다. 이런 술들을 잠곡 김육 선생의 이야기와 엮어 축제를 한다면 다른 곳과는 차별화된 복제 불가능한 '특별한' 가평군만의 축제가 될 수 있다.

청평도서관은 지금의 <한석봉도서관>처럼 <잠곡김육도서관>으로 명명하고 그곳에 잠곡 선생 또는 대동법과 관련한 서적, 논문 등을 모아 놓아서 이 분야 연구를 하려면 반드시 꼭 와야 하는 '특별한' 도서관으로 만들면 좋을 것 같다. 그리고 매년 잠곡 선생과 대동법 또는 이와 관련 있는 경제민주주의와 같은 주제로 학술대회를 연다면 끊이지 않고 방문객이 오지 않을까? 우리나라는 물론 전 세계적으로도 '공정'이 화두인 지금 농사꾼 출신 영의정 잠곡 김육 선생의 삶 속에 일관된 '공정'의 철학은 무궁무진한 주제를 제공할 것이다. 외국의 작은 마을에서 세계적인 축제가 열리는데 청평에서 못할 이유가 없다. 잠곡 선생은 음력 7월 14일에 태어나셨다. 잠곡 선생의 탄신일에 맞춰 여름에 '백 년 덧시름 없을 일'을 얘기하는 학술대회와 함께 크게 어우러지는 술 축제를 개최한다면, 잠곡로는 그야말로 대동(大同)축제의 장이 되지 않을까?

이 외에도 잠곡 선생은 서양 역법을 받아들인 시헌력을 시행해 농사일에 도움을 주었고, 대동법과 동전(상평통보) 유통, 점포 설치 등을 주장해 조선 후기 상업 발전의 기반을 만들었으며, 전염병과 기근에 대처하는 방법을 한글 책자로 만들어 보급하는 등 다양한 출판을 통해 민중들의 안녕과 계몽에도 앞장서고, 수레와 수차 개발에도 힘을 기울이셨다. 이런 이유로 선생은 실학의 태두로 모셔지고 있다.

또한, 주목할 점은 잠곡 선생이 이 모든 일을 공무원으로서 추진했다는 점이다. 이 때문에 선생은 혁신행정가의 사표로서도 전할 이야기가 많다. 구슬이 서 말이라도 꿰어야 보배다. 이미 잠곡 선생의 스토리텔링 콘텐츠 구슬은 차고 넘친다. 이것을 누가 어떻게 꿸 것인가?

넷플릭스 드라마 <오징어게임>이 세계적 화제다. 급기야 미국 국무부 문건에도 <오징어게임>의 현상에 대한 정보 보고가 있었다고 한다. 이 문건에 '<오징어게임>의 호소력은 한국의 승자독식 사회와 계층 불평등에 대한 묘사에 있다'는 내용이 실려있다고 한다. 불공정한 소득과 분배로 인한 부의 불평등, 불공정 인사(人事)로 인해 생기는 기회의 불평등, 불공정한 권력 사용으로 생기는 권리의 불평등….

이런 불공정, 불평등의 상황은 적지 않은 사람들에게 대한민국을

'헬(Hell 지옥) 조선'으로 만들어 버렸다. 그런데 <오징어게임>이 우리나라를 넘어 전 세계인의 공감을 불러일으키며 선풍적 인기를 끄는 것을 보면, 지옥 같은 불공정, 불평등의 삶은 우리나라만의 상황은 아닌 듯싶다.

빈부격차를 다뤘던 우리 영화 <기생충>이 역시 전 세계적인 반향을 일으키며 아카데미상은 물론 온갖 영화제의 상을 수상한 것도 그 증거다. 또한 최근 각국 정부와 기업, 세계적인 투자자들이 강조하는 'ESG'는 불공정, 불평등한 세상을 바꿔보고자 하는 매우 중요한 시대의 흐름이다.

환경(Environment), 사회(Social), 지배구조(Governance)의 첫 글자를 따서 만든 'ESG'는 기업의 경영과 투자 시 환경(E)과 사회적 책임(S) 그리고 민주적이고 투명한 지배구조 개선(G)을 하겠다는 원칙을 담고 있다. ESG의 목표는, 탄소 배출과 삼림 파괴 등 자연과 사람의 불공정한 관계로 인해 만들어진 기후위기와 팬데믹을 극복하고, 사회적 책임을 잊고 불공정한 게임의 룰로 불평등을 만들어내는 독과점, 그리고 종업원, 소비자, 관련 업체, 지역사회 그리고 환경까지 고려하며 이해관계자의 참여를 보장하는 지배구조의 개선을 통해 사회의 안전과 인류의 지속적인 생존을 보장할 수 있는 경영을 하고자 하는 것이다.

이제 사람끼리의 관계는 물론 사람과 자연의 관계에서도 불공정을 용납할 수 없는 시대가 왔다. 바로 공정의 시대다. 새로운 시대에는 그 시대정신을 구현할 새로운 인물이 필요하다. 대통령 후보들은 그 인물이 되고자 '공정'을 앞세우고 있다. 여야 어느 쪽 후보가 대통령이 되든 차기 대통령은 공정의 시대를 약속할 것이다. 새로운 시대는 역시 새로운 역사적 인물을 조명하게 된다. 그렇다면 우리 역사 속에서 '공정'을 화두로 실천을 했던 분은 누구일까? 누가 떠오르는가? 그가 바로 잠곡 김육 선생이다. 대동법은 명실상부한 공정과세의 대표적 정책이고, 잠곡 선생은 바로 그 대동법의 주창자이기 때문이다.

임진왜란과 병자호란 후 도탄에 빠진 민중들에게 불공정한 세금을 거뒀다면 조선은 무너졌을 것이다. 그러나 땅을 더 많이 가진 자에게 더 많은 세금을 걷은, 땅에 대해 공정한 과세를 했던 대동법으로 인해 조선은 나라를 다시 세울 기반을 다질 수 있었다. 그러나 조선 후기로 가면서 대동법은 제대로 운영이 안 되고, 민초에 대한 수탈이 극심해진다. 결국 민란이 일어나고, 그 민란은 동학혁명으로 발전해 새 세상을 열려 했으나 당시 부패한 집권층은 외세의 힘을 빌려 민초들을 제압했다. 그리고 어찌 됐는가? 결국 외세에 나라를 빼앗겨 패망하고 말았다.

나라가 망할 때 외세의 침입 이전에 이미 내부가 먼저 썩었었다는 것을 세계사는 증명하고 있다. 최근 온 국민의 분노를 불러일으킨 대장동 사건. 그 분노의 배경은 부동산 불로소득에 대한 불공정이다. 올해 4월 신한은행이 발표한 '2021 보통사람 금융생활 보고서'에 따르면 총자산 상하위 20%가 보유한 부동산 자산의 격차가 무려 164배라고 한다. 2018년 125배에서 더 커졌다. 이렇게 불공정이 심해진다면 '헬조선'을 넘어 나라가 무너진다고 해도 이상할 일이 아니다.

우리나라는 선진국이다. 선진국은 남이 갔던 길을 따라가는 후진국이 아니라, 남이 안 갔던 길을 개척해나가야 하는 숙명을 갖게 된다. 마치 '탄광 속의 카나리아' 처럼 <오징어게임>, <기생충>은 전 세계에 불공정 시대의 위험을 알렸다. 이제 그 위험을 극복할, 아무도 가지 않은 새로운 공정의 시대를 개척해나가야 할 숙명이 우리 앞에 있다. 불공정한 기득권 세력의 저항을 뚫고 부와 기회가 공정하게 분배되는 공정한 세상을 만들고자 했던 잠곡 선생의 철학과 실천은 지금 선진국 대한민국이 가야 할 길의 본보기다. 우리나라가 선진국으로서 개척해가야 할 공정의 시대, 그 시대의 표상이 될 잠곡 김육 선생. 그런 분의 유적이, 영혼이 바로 우리 가평군에 있다.

씨앗 받는 농부를 통곡하게 만든 역사의 장면들

2024년 8월 20일 칼럼

나와 내 처는 씨앗 받는 농사를 짓는다. 귀촌해서 한 5년쯤 돼서 집을 짓고 농사를 지어보기로 하면서 전국 조직인 (사)토종씨드림의 회원이 돼 씨앗 받는 농부가 되었다. 옛날에는 다 씨앗을 받아서 농사를 지었지만, 지금은 그렇지 않다는 것을 귀촌해서 알게 되었다.

옛날에 농부는 '굶어 죽어도 씨앗을 베고 죽는다'는 속담이 있을 정도로 씨앗을 소중히 간직하고 물려줬지만, 지금은 종묘상에서 사다 심고 씨앗도 받지 않는 게 일반적이다. 사다 쓰는 씨앗이나 모종은 외국 독점회사에서 사 온 것이니 우리는 종자주권을 잃은 것이나 다름없다. 기후재앙이나 전쟁 또는 전염병 등으로 외국에서 식량을 사오지 못하면 우리나라 국민들은 굶어 죽기 십상이다. 식량위기의 상황에서 우리 공동체를 지켜내는데 조금이나마 도움이 되고 싶었던 마음이 토종씨앗으로 농사를 결정하게 된 이유 중의 하나다.

(사)토종씨드림으로부터 토종씨앗을 받으면 농사를 짓고 씨앗을 받아서 즉 채종을 해서 일정량을 돌려줘야 한다. 그런데 씨앗을 받는 일이 쉽지 않고, 사람들이 대부분 토종작물을 먹는 것에만 더 관심을

두다 보니 씨앗 받는 일을 허투루 하는 경우가 자주 생겼다. 결국 어렵게 수집해 모아놓은 토종씨앗이 나가면 돌아오지 않는, 씨앗이 마르는 위기가 예견되기 시작했다.

그래서 (사)토종씨드림은 총회에서 각 지역의 회원들이 지역별 단체를 만들어 씨앗을 지키기로 하는 결정을 내렸다. 지역에서 서로 모르고 지냈던 회원들을 서로 만나게 해주고 서로 교류와 협력을 함으로써 토종씨앗을 함께 지키는 공동체를 만들기 위함이다. 이 결정 후 영광스럽게도 가평토종씨드림이 전국에서 처음으로 결성됐다. 그동안 나와 내 처가 지역에서 활동하며 만들어냈던 네트워크가 큰 힘이 되었다.

단체 결성을 도모하는 회원들이 그 경험을 나누고자 우리 농장에 견학을 왔고 내게도 강의의 시간이 주어졌다. 나는 왜 토종씨앗 농사를 짓게 됐는지, 왜 토종씨앗으로 향하게 됐는지 내 마음속을 곰곰이 들여다봤다. 그리고 '공동체와 토종씨앗'이라는 제목으로 강의안을 준비했다. 그 강의안의 첫 장에 나오는 인물은 몽양 여운형 선생이었다. 지금 내 삶의 길잡이가 몽양 선생이기에 공동체 지향의 마을활동가로서 삶을 살고자 하는 내 이야기의 서두에 선생을 빼놓을 수 없었기 때문이다.

과거 다큐멘터리 연출을 하며 지낼 때 몽양 선생의 다큐멘터리를 만들고 그분의 전기를 책으로 써내기도 했다. '고목에서도 꽃을 피우는 사람'이라는 평을 들을 정도로 몽양 선생은 어려운 여건 속에서도 특유의 담대한 기획력과 추진력 그리고 친화력으로 돌파구를 만들어

냈다. 민족공동체를 지키려는 헌신과 열정이 그 원동력이었다. 몽양 선생의 삶을 따라가면서 만났던 우리 근현대사의 몇 개 장면들은 공동체를 지향하는 내 삶에 깊은 뿌리를 내린 씨앗이 되었고, 그래서 내가 토종씨앗을 만나게 될 수밖에 없었다는 필연성을 찾아온 회원들에게 들려주고 싶었다.

그 첫 장면은 영국 〈데일리 메일(Daily mail)〉의 극동 특파원 매켄지(F.A. McKenzie, 1869~1931)가 1906년에 양평군 지평면에서 취재한 것으로 알려진 의병들의 모습이다. 교과서에 실려있는 초라하고 앳된 의병들의 사진이 바로 이때 매켄지 기자가 찍은 사진이다.

의병들을 취재한 내용은 매켄지가 1920년에 출간된 책 ≪Korea's Fight for Freedom≫에 실려있고, 번역서는 ≪한국의 독립운동(신복

매켄지가 1906년 양평군 지평면 지역에서 촬영한 의병 사진

룡 역주, 집문당, 1999)≫으로 출간됐다. 매켄지 기자는 신식 무기들로 무장한 정규 일본군 진영을 취재하고 난 뒤 어렵게 의병을 만나게 됐다. 그가 본 의병의 무장 모습은 이랬다.

> 나는 그들이 휴대하고 있는 총을 살펴보았다. 여섯 명이 가지고 있는 총 중에서 다섯 가지가 제각기 다른 종류였으며, 그 중의 어느 하나도 성한 것이 없었다. 한 사람은 총구로 장탄하는 구형의 사냥총을 자랑스럽게 가지고 있었다. 그는 화약 대신으로 쓰는 가늘고 긴 끈을 팔에 감고 있었으며, 앞자락에는 화약통과 탄창이 매달려 있었다. 그 후에 안 일이지만, 이 사냥총은 흔히 불 수 있는 것이었다. 탄약을 밀어 넣는 꼬질대는 나무를 꺾어서 만든 수제품이었다. 총신은 녹이 슬어 있었고 무명 끈이 매여 있었다. 두 번째 사람은 구한국군의 낡은 총을 가지고 있었는데 그것은 그 당시로서도 매우 조악한 것이었다. 세 번째 사람도 그와 같은 총을 가지고 있었다. 또 한 사람은 작은 엽총을 가지고 있었다. 그것도 총은 총이었지만 총알이 나가지 않는 것으로서 아버지가 이제 열 살 된 사랑하는 아들에게 선물하는 그런 것이었다. 다른 한 사람은 탄창이 달린 권총을 가지고 있었는데 총 중의 세 자루는 중국의 표지가 박혀 있었고 모두가 심하게 녹슬어 있었다.
>
> 이들이 수 주일 동안 일본군에 항거해 온 바로 그 사람들임을 생각해 보라. (중략) 그들은 전혀 희망 없는 전쟁에서 이미 죽음이 확실해진 사람들이었다. 그러나 바른 쪽에 서 있는 군인의 영롱한 눈초리와 얼굴에 감도는 자신만만한 미소를 보았을 때 나는 확연히 깨

달은 바가 있었다. 가엾게만 생각했던 나의 생각은 아마 잘못된 것이었다고 하더라도 적어도 그들은 자기의 동포들에게 애국심이 무엇인가를 보여주고 있었다.

– ≪한국의 독립운동≫ 139~140쪽

의병들이 무모하다고 여겨질 만큼 형편없는 무장을 하고 정예 일본군에 맞설 수 있었던 힘은 어디에서 나온 것일까? 수일 내에 몰살당할 것 같은 의병 부대의 실상을 마주한 매켄지 기자는 의병을 만난 날 밤 잠을 이루지 못하고 있었다. 그때 전투를 이끌었던, 비교적 젊고 양반들이 입는 긴 도포를 입은 의병이 기자를 찾아와 얘기를 나누며 이런 말을 했다고 한다.

"우리는 어차피 죽게 되겠지요. 그러나 좋습니다. 일본의 노예가 되어 사느니보다는 자유민으로 죽는 것이 훨씬 낫습니다."

난 이 글을 읽고 눈물을 참을 수가 없었다. '단 하루를 살아도 인간답게 살고 싶다'는 숭고한 인간의 영혼, 이름 모를 어느 들판에서, 이름도 없이, 비석도 없이 숨져간 자유를 갈망한 의병의 존재, 아니 무수한 의병들의 존재와 마주친 나는 그분들이 흘린 피가 내 가슴에 스며드는 듯한 느낌을 받으며 한동안 울어야만 했다.

1900년대 초 그 의병들의 의로운 영혼이 우리 땅에 스며들어 1919년 3월 "독립 만세, 공화국 만세"를 외치며 숨져갔던 건국의 영령들에게 이어지고, "보라! 우리는 기쁨에 넘쳐 자유의 횃불을 올린다. 보라! 우리는 캄캄한 밤의 침묵에 자유의 종을 난타하는 타수의 일익임을 자랑한다. 일제의 철퇴 아래 미칠 듯 자유를 환호한 나의 아버지, 나의 형들과 같이… (4.19혁명 서울대 문리대 선언문 중)" 라며 총탄이 날리는 거리로 나섰던 1960년 4월의 투사들에게 이어지고, 그리고 "우리는 끝까지 싸워야 합니다. 전두환 살인 집단에게 도청을 내준다면 우리는 죽어간 영령들과 역사 앞에 죄인이 됩니다. 우리가 비록 저들의 총탄에 죽는다 할지라도 그것이 우리가 영원히 사는 길입니다. 민주주의를 위해 최후의 순간까지 굳게 뭉쳐 싸워야 합니다.(윤상원 열사의 최후 연설 중)" 했던 1980년 5월 광주의 열사들로 이어졌음이 절절이 느껴져 쉬 울음을 그치기 어려웠다.

난 이 부분을 제대로 강의해 내지 못했다. 그저 애써 눈물을 참으며 강의자료를 쳐다보고만 있어야 했고, 함께 한 회원들도 그저 말없이 나와 공감해 주었다. 잠시의 시간이 지나고 내 강의 속 장면은 의병들의 자주민권 의식이 잉태됐던 장면들 즉 1898년 10월 29일 관민공동회와 1894년 동학혁명으로 이어졌고, 동학의 2대 교주 해월 최시형 선생에게로 이어졌다.

해월 선생은 동학 창시자 수운 최제우 선생의 포교가사집인 <용담유사>를 간행했는데, 간행한 곳은 다름 아닌 몽양 여운형 선생의 작은 할아버지 여규덕의 집이었다. 몽양 선생은 8~9세 때 작은 할아버지 집에서 지냈으니, 동학의 정신은 몽양 선생에게도 전해졌을 것이다. 강의는 다시 해월 선생이 남긴 말씀 '세상의 지식이란 밥 한 그릇

속에 있다(만사지 식일완 萬事知 食一碗)' 으로 이어졌고, 해월 선생의 사상적 제자로 일컬어지는 장일순 선생의 호 '일속자(一粟子)' 로 이어졌다.

'무위당' 이라는 호로 잘 알려진 장일순 선생은 '한 알의 작은 좁쌀' 이라는 뜻의 '일속자' 로 호를 바꾸고 생활협동조합 '한살림' 을 주도 하셨다. 선생은 '밑으로 내려가 옆으로 엮어라' 는 마을활동가가 새겨야 할 아주 간단명료한 지침을 남기기도 하셨다. '한살림' 은 밥상살림, 농업살림, 생명살림을 기치로 걸고, 운동의 기본적인 방법으로 대안만들기에 힘쓰고 있다. '한살림' 초대 사무국장은 '뒷것' 으로 사시다가 얼마 전 타계하신 김민기 선생이다. <한살림>은 (사)토종씨드림을 만들고 지켜가는데 중요한 역할을 했고, 지금도 하고 있다. 몽양 여운형, 의병, 관민공동회와 동학혁명의 민중, 3.1혁명, 4.19혁명, 5.18 민주화운동의 열사들, 그리고 해월 최시형, 일속자 장일순. 내가 보기에 다 '뒷것' 이다. '뒷것' 이어도 당당한, 후세의 마음 속에 '앞것' 으로 남는 '뒷것' 이다.

뭔가 그렇게 뜬구름 잡는 것 같기도 하고, 이어지는 것 같기도 하면서, 감정에 북받쳐 눈물을 흘리기도 했던 내 강의는 그렇게 근·현대사의 몇 개 장면들을 돌아 토종씨앗으로 매듭 지어졌다. 참여한 회원들은 감사하게도 강의가 참 좋았다고 하는데 나는 부족함에 미안했다.

결론적으로 내가 하고 싶었던 얘기는 대한민국은 의병이 세운 나라라는 것이었다. 해방 이후 분단이 되면서 많은 의인들이 북을 선택하고, 남에서 몽양 선생을 비롯해 많은 의인들이 희생을 당했지만 그럼에도 불구하고 의병의 뜻은 여전히 남한 땅에 이어지고 있다는 것이다. 그리고 토종씨앗 농사를 짓는 마음은 바로 그 의인의 뜻과 닿아 있다는 것이다.

나의 부족한 강의의 기록을 소환하게 된 것은 윤석열 대통령 광복절 축사 중 "우리의 광복은 자유를 향한 투쟁의 결실이었다"라는 발언 때문이다. 맞다. 의병들의 '자유를 향한 투쟁'은 대한제국이 아닌 대한민국 건국의 힘이었다. 투쟁은 일제와 독재에 대한 투쟁이었다.

그런데 윤 대통령은 투쟁을 한 의병들보다 일제와 독재자의 마음을 헤아리기 위해 투쟁적이다. 건국의 주역들, 바로 의병들을 향해 투쟁적이다. '자유를 향한 투쟁'에 대해 적대적이다.

우리 땅에서 대대로 살아온 토종씨앗은 내게 이런 말을 전해주는 것 같다. '우리는 알아. 우리에게 피눈물의 거름을 준 이들이 누구였는지… 누가 의로운 씨앗을 우리 땅에 심었는지…' 난 엄혹한 기후변화 속에서도 토종씨앗이 살아남듯, 극단적이고 광적인 정권의 질주 속에서도 의로운 씨앗은 살아 꽃을 피울 것이라 믿는다.

1898년 만세, 1919년 만세 그리고 2025년 만세

2025년 2월 5일 칼럼

연휴 중에 OTT드라마 〈오징어게임〉과 〈중증외상센터〉를 보았다. 내란 스트레스 해소차 봤는데 세상 걱정을 피할 수 없었다. 두 드라마의 설정 공간은 달랐지만, 두 드라마가 얘기하고자 하는 세상은 같았다. 모두 돈 때문에 생명을 포기하는 세상에서 벌어지는 일을 다루고 있었다. 일확천금을 벌기 위해 목숨 거는 세상과 돈 때문에 골든타임을 포기하는 세상. 그런 헬조선이 창작의 상상력으로 만들어 낸 무대였다는 점에서 가슴이 아렸다.

두 편 모두 세상이 이래서는 안 되는 것 아니냐는 메시지를 영웅을 통해 보여주고 있었지만 내 눈길을 끈 것은 드라마 속 청년의 모습이었다. 〈오징어게임〉에서 사람들을 총으로 쏴 죽이는 사수(핑크 가드) 역할로 나오는 청년들, 그리고 〈중중외상센터〉에서는 주변의 조롱 섞인 눈총을 받으면서도 응급환자들을 살리기 위해 애쓰는 의사와 간호사 청년들이었다.

내게 〈오징어게임〉 속 청년은 서부지법에 난입한 청년들로, 〈중증외상센터〉 속 청년들은 남태령에서 기층 민중들과 연대한 청년들로

겹쳐 보였다. 헬조선에 살고 있는 2030청년들을 어떤 부류의 청년들로 살아가게할지, 어떤 부류의 청년들로 우리 사회의 주류를 만들 것인지는 자명하다. '남태령 대첩'에서 농민들과 연대한 2030여성들, 사회적 약자로서 용기있게 자신을 드러내며 연대를 하고자 했던 청년들의 목소리를 우리 사회는 어떻게 받아안을 것인가. 이에 대한 실천을 고민하지 않을 수 없다. 그래서 2025년 다시 3.1혁명을 생각한다.

곧 '3.1절'로 불리는 3월 1일이 온다. 1919년 3월 1일 시작한 만세시위를 '3.1운동'이라 부르지만 난 '3.1혁명'이라 불러야 온당하다고 생각한다. 이건 그 시대를 살았던 독립운동가분들이 그렇게 불렀기 때문이기도 하다. 그리고 한낱 임금의 성을 바꿔 왕조를 바꾼 사건조차 혁명 즉 역성(易姓)혁명이라고 부르는 판에, 군주제를 민주공화제로 바꾼 대사건을 혁명이라 부르지 않는 것은 이상한 일이기 때문이다.

3.1혁명은 한반도에 수천 년 이어져 온 왕국(王國)을 민국(民國)으로 만든 최초의 사건이자 한반도 최고 최대의 혁명이다. 이 혁명을 생각하면 우리 선조들에 대해 한없는 감사함과 함께 한민족으로서의 깊은 자긍심을 갖게 된다.

1919년 3월 1일 첫 시위 후 약 3개월간 전국적으로 연인원 2백 만여 명이 1천 5백여 회 시위를 했고, 이 과정에서 7천 5백여 명이 숨지고 1만 6천여 명이 다치고 4만 7천여 명이 감옥에 갇혔다고 한다. (박은식의 ≪한국독립운동지혈사≫ 참고) 당시의 상황으로 상상해 보자. 3월 1일 시위 때 수많은 사람이 잡히고 다치고 죽었다. 왜놈들은 비폭력으로 나섰던 우리 선조들을 남녀노소 가리지 않고 잔혹하게 살해하고 폭행하고 욕보였다. 그런데 며칠 지나고 시위에 다시 나간다. 또 다치고 죽는다. 시위에 나가면 일본 놈들이 가만두지 않는다고 소문이 나고, 자신들의 눈으로 그 참혹함을 봤음에도 불구하고 또 나간다. 그렇게 수개월 동안 시위는 이어졌다.

잠시 진압하는 왜놈의 입장이 돼보자. 조선인들이 무언가에 단단히 홀린 미친놈들로 보이지 않았을까? 총, 칼에 찔려 죽고, 불에 타 죽으면서 '독립 만세'를 외치고, '공화국 만세'를 외친다. 그런데 이 조선인들은 '독립'된 '공화국'에서 한 번도 살아본 적이 없다. 자신들이 살아본 적도 없고 자신들이 죽으면 살 세상도 아닌데 그 세상을 위해 만세를 부른다. 미쳐도 단단히 미친 광신도가 아니고는 있을 수 없는 일이다. 진압을 하면서도 그 눈빛에 겁이 나지 않았을까?

다시 만세를 외쳤던 분들을 생각해 보자. 왕 밑에서, 이제 왜놈 밑에서 신음하며 비굴하게 사는 삶이 아니라 내가 나라의 주인으로 사는 삶, 그 삶이 이 땅에 만들어져서 영원무궁하길 바란다. 비록 나는 새 세상에 살지 못한다 하더라도 그런 꿈 같은 세상에서 내 새끼들, 내 가족들은 살기를 바란다. 그리고 단 하루를 살아도 그런 세상에서 살고 싶다. 그래서 '독립 만세', '공화국 만세'를 외친다.

"사람된 양심의 발로로 말미암은 세계 개조의 큰 기운에 순응해 나가기 위하여 이것을 드러내는 터이니, 이는 하늘의 명령이며, 시대의 대세이며, 온 인류가 더불어 같이 살아갈 권리의 정당한 발동이

므로, 하늘 아래 그 무엇도 이것을 막고 누르지 못할 것이라."

(3.1독립선언문 중)

식민지 노예와 같은 처지에서도 우리 선조들은 세상을 구원하고 뒤엎을만한 호연지기를 보여줬다. "보지 않고도 믿는 자들은 복되다."고 했던가. 세상의 큰 기운과 함께 한 이 복된 기운이 어딜 가겠는가, 당시 인구가 2천만 명가량이니 일가 친족 중 혁명의 대열에 참여하지 않은 이가 없었을 것이며, 그 공분(公憤)을 나눠 갖지 않은 민중이 없었을 것이리라.

그 '만세'의 복된 염원이 이후 우리 민족 민주 혁명의 역사를 이끈 원동력이 되었고, 세계가 부러워하는 한류를 만들어낸 저력과 상통하지 않았겠는가. 이런 감동적인 3.1 혁명의 의미를 곱씹으며 내가 주목한 또 하나는 '만세' 구호였다.

지금은 우리가 존경하거나 좋아하는 사람 또는 상황에 따라 '만세'를 외치지만, 주지하듯이 옛날에는 황제에게만 붙이는 구호였다. 왕에게는 '천세'를 황제에게는 '만세'를 외쳤다. 그래서 조선의 왕은 쓸 수 없고 중국의 황제만이 독점했던 구호가 '만세'였다. 1897년 조선이 대한제국으로 국호를 고치고 조선의 왕이 대한제국의 황제가 되면서 우리도 만세 구호를 사용하게 됐다. 그렇게 전제군주 시대 때는 함부로 쓸 수 없는 구호였다. 황제가 아닌 자에게 '만세'를 외쳤다간 대역죄로 죽을 수도 있었을 것이다. 충성의 의미든, 아부의 의미든 황제의 만수무강을 기원하며 외쳤을 '만세' 구호. 나에게 부와 권력을 줄 전제군주를 추앙하며 외쳤을 '만세' 구호를 오히려 전제군주를 폐하는 '공화국' 뒤에 붙이는 창조적 변용을 했다는 사실이 놀라웠다. 더구나 나를 죽게 할 지도 모를 '독립'과 '공화국' 뒤에 붙여 사용하는 공공적이고 헌신적인 변용이 어떻게 가능했는지 궁금했다. 그 시대의 자료들을 찾아봤다.

1898년 10월 29일 종로 보신각 네거리에 수만 명의 민중이 모였다. 대한제국이 철도, 광산 등 나라의 각종 이권을 외국에 넘기는 것을 막기 위해 독립협회와 민중들의 거센 요구로 정부의 각부 대신들까지 불러내 개최한 혁명적인 집회. 바로 관민공동회였다. 1898년 3월 10일 종로에서 첫 만민공동회를 개최한 후 고종 황제와 구 체제의 변화를 이끌어 낸 독립협회와 민중은 그 여세를 몰아 정부의 각 부 대신과 민간 단체들 그리고 일반 평민들을 아우르는 관민공동회를 개최하기에 이른 것이다.

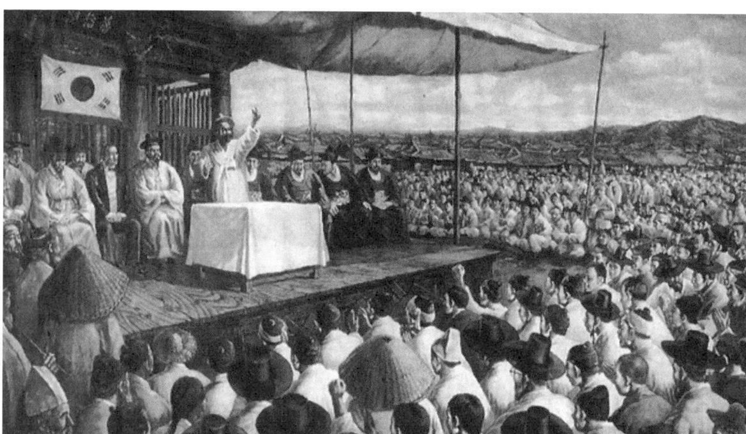

1898. 10. 29 관민공동회에서 첫 연사로 나선 백정 박성춘이 연설하는 모습 그림

지금의 장관들에 해당하는 대신들을 종로 네거리 광장으로 불러내 함께 민중대회를 연 관민공동회의 첫 연설자가 천민에서 해방된 백정이었다는 점도 놀랍지만, 더 놀라운 것은 이날 관민이 협력하여 6개조의 결의안을 만장일치로 만들어냈다는 사실이다. 바로 헌의 6조(獻議六條)다.

헌의 6조 내용은 의회 격인 중추원을 강화해 국권과 국부의 침탈을 막고, 황제가 무소불위로 갖고 있던 예·결산권, 사법권, 인사권을 견제하고 법치 행정을 요구한 것이었다. 한마디로 전제군주제를 입헌군주제로 바꾸고자 하는 제헌의회를 관민이 광장에서 평화롭게 만들어낸 것이다. 첨단 정보통신기술이 차고 넘치는 지금도 하기 어려운 제헌의회를 마이크나 스피커도 없는 광장에서 127년 전 우리 조상들은 해냈다. 이 합의 후 모든 대신이 서명한 뒤, 참석했던 중추원 의장 한규설은 이렇게 말했다.

> "금일의 관민협의는 오백 년 초유의 일이다. 의결한 바 육조는 모두 법률 내에 원정(原定)한 것들이다. 사람의 몸에 비하여 말할 것 같으면 정부는 피부이고 인민은 장부(臟腑)이다. 간절히 바라건대 관민이 합심하여 범위를 넘지 말며 영구히 하나가 되기를 기약하여 회중이 관민일심(官民一心)이 되었으니 부강의 기초가 금일에 정하여졌다. 국가를 위하여 만세를 부르자."

이에 그 자리에 모인 수만 명의 회원들이 기쁨에 넘쳐 만세를 부르며 정회를 했다고 한다. 이때 현장을 상상해 보면 마치 2024년 12월

14일 윤석열 탄핵소추안이 국회에서 가결됐을 때의 광장 모습이 떠오른다. 그때 그 감격과 환호 속에서 함께 떼창을 했던 '다시 만난 세계'가 아이돌의 대중가요에서 전 국민의 민중가요로 각인됐듯이 1898년 10월 29일 오후 종로 네거리에서 수만 명의 민중이 함께 외친 '만세'는 황제 1인을 위한 구호에서 국가공동체의 만복을 기원하는 구호로 각인됐을 것이다.

황제의 것을 우리 것으로 가져오는 큰 감흥과 함께 '만세'는 우리가 함께 외치면 예전에 없던 세상을 불러내 주는 주문처럼 각인됐으리라. 그래서 21년 뒤 이 만세 구호는 '독립 만세', '공화국 만세'로 부활했다. 1919년 3.1혁명의 '만세'는 21년 전 우리 민중들에게 심어졌던 혁명적 DNA가 부활했던 것이다. 그리고 또다시 예전에 없던, 민주공화국이라는 세상을 불러내는 신들린 주문처럼 사용됐으리라. 그리고 실제로 없던 민주공화국을 불러냈다.

3.1혁명과 만민공동회에서 보듯 우리 국민은 거리에서, 광장에서 새 나라를 세우는 헌의를 만들어 낸 나라다. 지금 계속되는 탄핵 촉구 집회에서도 수많은 헌의들이 모여지고 있다. 특히 2030 청년들이 만들어 내는 연대의 목소리는 이제 우리 사회가 만들어 내야 할 새로운 세상의 헌의라고 생각한다.

한 달에 한두 번 외출 할까 말까인 고립 은둔 청년이 6일째 집회에 나오고, 우울증과 불안장애를 달고 산다는 트렌스젠더, 최저 임금과 노동법의 보호를 받고 싶다는 배달노동자, 불평등이 없는 인간의 존엄이 보장되는 민주주의 사회를 원한다는 뇌병변 장애인, 언제 어디서든 누군가 도움이 필요할 때 다시 모이면 좋겠다는 청년, 그리고 "우리는 서로가 서로의 환경이 될 수 밖에 없다. 소수자들이 '내가 이런 점 때문에 힘들다' 라고 말하면 결국 나와 무관할 수 없다는 인식을 많이 하게 된 것 같다"는 한 여성의 인터뷰들을 들으며 난 동학 교주 수운 최제우 선생이 말한 시천주(侍天主)의 세상을 보는 것 같았다. 수운 선생은 시천주의 시(侍)에 대해서 이렇게 설명했다.

시자, 내유신령 외유기화 일세지인 각지불이자야

모신다는 것(시자)은 내 안에 신령이 있고(내유신령) 밖에는 신령이 기운으로 변하고(외유기화) 한세상의 사람들이(일세지인) 각자 떨어져 있지 않음을 아는 것(각지불이자)이라고 했다. 인터뷰 속 청년들은 각자의 진심(내유신령)을 연대의 장에서 공론화 했고(외유기화) 이 세상에서 서로 무관할 수 없고 도움이 필요할 때 서로 도와야 함을 알고 있었다(일세지인 각지불이).

생각해보면 만민공동회 연단에 오른 평민들과 3.1혁명 거리에 나선 민중들도 모두 시천주의 실천을 한 것이었으리라. 그렇게 시공간을 초월해 시천주의 실천으로 연결되는 나라가 바로 대한민국임을 연대와 공존의 장이 된 탄핵 촉구 집회가 보여주고 있었다. 12.3 내란 발발 이후 윤석열 탄핵 촉구 집회를 주도하고 있는 연대 조직의 이름은 '윤석열 즉각 퇴진, 사회대개혁 비상행동' 이다. 이렇게 이름을 지은 것은 이 조직에 참여한 수많은 주권자와 단체들이 윤석열 파면 이후

사회대개혁에 대한 열망까지 담았기 때문이라고 생각한다. 그렇게 지금의 집회가 대한민국을 만들었던 시천주의 마음으로 사회대개혁을 하는 2025년판 3.1혁명의 광장이 되기를 바란다.

나는 사회 대개혁의 핵심은 직접 민주 주민자치의 확대와 강화라고 생각한다. 지금처럼 주권자의 삶이 다양하고 빠르게 변하는 세상에서 중앙에서 정보를 취합하고 권한을 나눠주겠다는 방식의 국가 운영은 정체현상이 생기지 않을 수 없다. 주권자가 삶의 현장에서 즉각적이고 자치적으로 문제에 대응할 수 있는 시스템을 만들지 않으면 민주공화국의 위기가 올 수밖에 없다.

주권자가 2016~2017년 촛불혁명 때 '이게 나라냐' 라며 갈구했던 새로운 나라는 아직 오지 않았다. 촛불혁명 때 '대한민국은 민주공화국이다' 라는 노래를 함께 부르며 국민들은 헌법 1조 2항 '모든 권력은 국민으로부터 나온다' 를 뼛속 깊이 각인했을 것이다. 그러나 그 이후 정말 국민들은 주권자의 권력을 실감했을까? 직접 민주의 확대와 강화를 경험했을까?

그렇지 않다. 다양한 국민들이, 사회적 약자의 목소리가 광장에서 쏟아지고 있다는 것은 1987년 이래 유지 되어 온 대의제 정치와 관치 행정이 주권자의 뜻을 제대로 구현하지 못하고 있음을 보여주는 반증이다. 이런 지체현상은 파시즘의 숙주가 될 것이다. 지난 서부지법 난동은 배신 당한 주권자가 어떻게 파시스트들에게 선동되는지를 극명하게 보여줬다. 때문에 내란의 종식과 사회대개혁이 별개의 문제라고 생각하지 않는다.

사실 2025년 대한민국 국민은 1894년 동학혁명 때 집강소를 설치하고 운영하며 누렸던 주민자치를 경험하지 못하고 있다. 일상 생활과 관련한 정책을 직접 결정하고 자신의 의사가 행정에 반영된다면 국민은 자신이 주권자임을 실감할 것이다.

그런데 실상은 어떤가. 일반 국민이 일상에서 가장 자주 접하게 되는 행정기관은 읍·면·동 사무소다. 이곳에 가면 행정체계의 가장 하부 조직에서 말단 직원으로 일하고 있다고 스스로를 자리매김하고 있는 공무원을 만나게 되는데, 그들에게 주권자로서 의견을 얘기하면 자신은 할 수 있는 게 없고 위에서 결정한 대로, 법이 정한 대로 할 수밖에 없다는 식의 얘기를 접하기 일쑤다. 이런 식이다 보니 선거할 때와 차가운 아스팔트 위에서 소리칠 때 말고는 도대체 나로부터 나온다는 권력을 실감할 수가 없다.

그런데 만약 읍·면·동에서 필요한 법을 주민 토론과 숙의를 통해 만들고 자체 예산으로 해당 지역에 필요한 일들을 처리하는 방식으로 자치를 한다면 그리고 읍·면·동 단위에서 감당하기 어려운 기능과 역할을 상급기관에 보충적으로 위임하는 방식으로 국정이 운영된다면, 지금처럼 중앙정부가 권한과 예산을 지방에 내려주는 것이 아니라 반대로 일상을 접하고 있는 주권자들과 읍·면·동에서 할 수 있는 일들을 자율적으로 먼저 하고, 할 수 없는 일들을 중앙정부가 할 수 있도록 위임하는 방식이라면 어떻게 될까?

미국, 독일, 스위스 등에서 하고 있는 방식이니 민주공화정에서 낯선 것도 아니다. 입법, 사법, 행정 중앙정부가 권력을 내려놓겠다고 마음만 먹으면 될 일이다. 지방행정과 정치인을 중앙에 줄 세우겠다는 생각을 바꾸면 될 일이다. 그러려면 사고 현장에서 현장 책임자에게 실권을 주듯 주권자들의 삶의 현장에 실권과 자치권을 줘야 한다. 이를 위해서는 지방자치법이, 선거법이 또 어떤 법이 그리고 헌법이 바뀌어야 할 것이다. 그러나 지금의 시스템 속에서는 난망하다.

지난 촛불혁명 이후 마을 자치와 사회적경제 강화를 위해 마을공동체 기본법과 사회적경제 기본법을 제정하려 마을활동가들이 노력했지만 결국 안됐다. 과반수 의석을 몰아 줘도 안 됐다. 〈대한민국 시도의회 의장협의회〉는 2023년 3월 지방소멸을 막기 위해 농촌기본소득 시행 촉구 건의안을 여야 구분 없이 합의해 중앙정부에 제출했지만, 어떤 메아리도 없다.

이런 법이나 정책과 관련한 활동을 하다 국회에 진출한 의원들도 여의도만 들어가면 그 관성을 벗어나지 못한다. 헌정 수호 진영인 야당이 헌정 파괴 내란 옹호 정당을 여론조사에서 압도적으로 이겨내지 못하는 근본적인 원인은, 이런 정치권에 대한 불신 때문이라고 생각한다.

이제는 사회 엘리트의 전유물이 돼버린 듯한 대의 권력 입법부, 관치 권력인 행정부와 사법부, 이 양대 중앙 권력을 견제할 직접 민주 주민자치 권력을 만들어 새로운 3권분립 민주공화국을 만들어야 한다. 그동안 대의민주제와 입법·사법·행정의 3권분립만으로 명맥을 유지했던 민주공화제는 이제 수명을 다했다. 이번 내란 과정을 통해서 우리는 잘못된 내용으로 직접 민주 개입을 호소하는 또는 선동하는 고장난 6공화국 시스템을 목도하고 있다. 민주주의의 옷을 입고 등장한 파시즘을 두렵게 지켜보고 있다. 대한민국은 이제 민주공화의 새 옷을 입어야 한다.

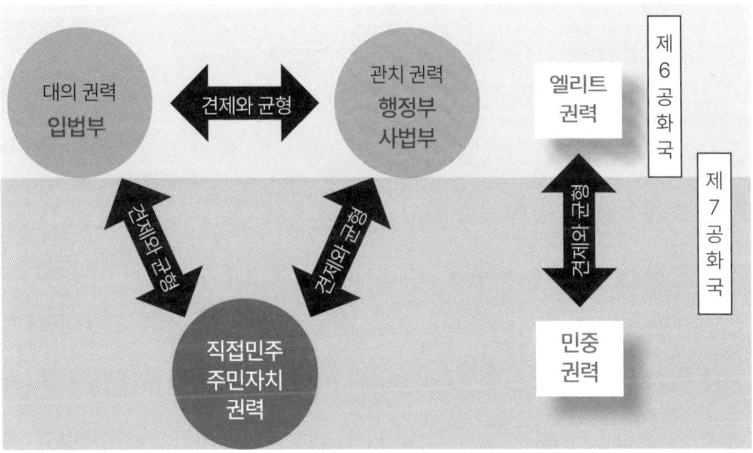

신 3권분립과 제7공화국 개념도

무려 127년 전 1898년 광장에서 전자기기 하나 없이 제헌의회를 열었는데 2025년에 그것을 못 할 이유는 없다. 국회의원들이 정치는 국민이 하는 것이고, 국민이 위대하고, 추운 겨울에 아스팔트에 나와 국민들 고생하게 해서 미안하다고 하는 말이 진심이라면, 국민이 평상시에 주권을 편하게 행사할 수 있도록 사회 대개혁, 즉 직접 민주 주민자치 권력 강화에 적극 나서주면 좋겠다.

3월이면 윤석열 대통령이 파면될 것으로 예측되고, 그러면 대선 이슈가 블랙홀처럼 다른 이슈를 빨아들일 것이다. 직접 민주를 확대 강화하자는 얘기는 대선 때 어느 정당 후보를 뽑느냐와 같은 얘기처럼 취급될 수도 있다. 개헌을 얘기한다며 직접 민주 권력 논의는 쏙 빼고 중앙 권력의 통치 형태를 어떻게 바꾸는 것이 좋겠는가 하는 주제가 미디어를 도배할 수도 있다. 결국 또 대의 권력, 엘리트 권력끼리의 싸움을 무협지 보듯 보며 넋을 놓게 돼버릴지도 모른다.

그러나 <오징어게임>과 <중증외상센터> 드라마 속에서 시청자들이 보고 싶어 하는 세상, 만민공동회와 3.1혁명을 만들어낸 분들이 '만세'를 외치며 불러냈던 세상, 내란 종식을 위해 모인 주권자들이 바라는 세상은 그런 세상이 아니었다.

각자의 양심을 용기 내어 나누고, 서로 연대해서 만들고자 했는 시천주의 세상은 그게 아니었다. 12.3 친위쿠데타 때 국회로 달려 나가 군을 막아선 주권자들이 어느 정당의 집권을 돕기 위해 나선 것도 아니고, 누구를 대통령 만들기 위해 나선 것도 아니고, 어느 정치인의 지지자들이어서 나선 것도 아니다.

수많은 열사와 의인들의 피와 땀으로 일군 대한민국 민주공화국을 지키겠다는 일념으로 즉각적으로 발동하는 마음. 그 마음이 바로 시천주의 마음이다. 그런 주권자의 마음을 일상적으로 실행할 수 있게 하는, 권력을 더 낮은 곳으로 분산하는 혁명이 필요하다. 그것이 내가 바라는 2025년의 3.1혁명이다.

마을공동체에 진보, 보수가 따로 있나

2025년 5월 29일 칼럼

'공정귀촌'이라는 이름으로 마을공동체를 살리는 일을 하면서 종종 나에게 이런 질문을 한다. '마을공동체를 살리기 위해 노력하는 삶은 진보적인 삶일까? 보수적인 삶일까?' 이런 의문이 들었던 이유는 실제 촌에서 공동체적 삶을 유지하고 그 정서를 갖고 있는 분들이 평소 매우 보수적인 정치 지향을 보이는 분들이 많기 때문이다. 그런데 일반적으로 진보적 진영의 정권 또는 단체장이 들어서면 마을공동체 지원 사업이 활성화되고, 반대로 보수적 진영이 집권하면 마을공동체 지원 사업이 위축되곤 한다.

가족, 지역사회, 국가 등 공동체의 중요성을 강조하는 것은 보수 정치의 특징인데 이상하게 보수 정권은 마을공동체 사업에 부정적이다.

한편, 공동체 활동이 벌어지는 현장에서 느끼는 주민들 사이의 정(情)과 신명은 어떤 정치적 신념을 뛰어넘는 포용력을 보여주고, 그러한 공동체적 경험의 축적은 설익은 진보, 보수 진영논리를 무색하게 만든다. 그래서 '내 삶이 진보적인가, 보수적인가'라는 질문 자체가 맞는 것인지 의문이 들기도 한다. 그렇다면 질문을 어떻게 바꿔야 하는지에 대한 고민은 늘 새로운 공동체 일거리에 밀려 아직 답을 얻지 못했다.

공동체를 복원해야 한다며 흔히 듣게 되는 얘기가 '우리나라가 OECD국가 중 공동체 지수가 꼴찌다' 라는 것이다. 이 때의 '공동체 지수' 는 OECD가 2011년부터 11개 주제(주택, 소득, 일자리, 공동체, 교육, 환경, 시민 참여, 건강, 삶의 만족도, 안전, 일과 삶의 균형)로 조사한 '더 나은 삶의 질 지수(Better Life Index)' 중 공동체(community) 지수를 말하는 것이다.

우리나라는 조사된 11개의 주제 중 공동체 지수의 점수가 가장 낮았고, 국가별 비교에서 2017년에는 38개 조사 국가 중 꼴찌였다. 이후에도 계속 하위권에 머물러 있었고 현재 공개돼 있는 자료(2022년 조사)에는 10점 만점에 1.5점으로 역시 우리나라 11개 지표 중 가장 낮았고, 41개 국가 중 38위를 차지하고 있다.

이 공동체 지수는 어떻게 측정될까? 단 한 문장의 질문에 대한 응답으로 결정이 된다. 그 질문은 '당신은 어려울 때 도움을 받을 수 있는 친척이나 친구가 있습니까? (Do you have relatives or friends that you can count on to help you in times of trouble?)' 이다. 이 질문을 봤을 때 나는 약간 헉! 하는 느낌을 받았다. 그리고 떠올려봤다. 다행히 떠오르는 사람들이 있었다. 그런데 이 질문을 받은 우리나라 사람의 85%는 '그렇지 않다' 는 응답을 보냈던 모양이다.

이런 상황에서 개인들의 기본적인 삶조차도 지킬 수 없는 삶이 지속되다 보면 결국 극단적 선택을 할 수밖에 없는 상황에 내몰리게 되는 것이리라. 우리나라의 자살률이 OECD 국가 중 압도적 1위를 계속 기록하는 이유다.

나는 OECD 공동체 지수 질문을 이렇게 바꿔 자문해 봤다. '내가 어려울 때 도움 받을 수 있는 사람이 이웃 또는 지역사회에 있는가?' 잠시 생각해 보니 역시 또 떠오르는 사람이 있었다. 말 그대로 '이웃사촌'이 있었다. 이 질문을 한 이유는 첫째 정말 시급을 요할 때, '골든타임' 때 바로 달려 올 사람은 멀리 있는 친척이나 친구보다 '이웃사촌'이 더 중요하기 때문이다. 얼마 전 영남 지역에 산불 났을 때 이웃의 도움을 받은 어르신과 그렇지 못한 어르신은 생사가 갈리는 운명에 처했었다.

그리고 둘째 늘 마주치는 일상에서 주고받는 진심 어린 따뜻한 말 한마디나 관심이 나의 행복감을 무척 높여주기 때문이다. 이런 점에서 지역의 공동체를 살리는 일은 일상에서 행복감과 공동체 지수를 높이는 데 큰 역할을 할 것이라고 생각한다. 이와 관련 최근 나의 눈길을 끈 두 가지 뉴스가 있다.

하나는 부천시의 온(溫) 스토어(Store) 사업 관련 뉴스다. 이 뉴스는 부천시 한 가게의 미담으로 전해졌다. 가게 주인 부부는 매일 같이 캔커피 1개를 카드로 구입하던 단골 청년이 어느 날(2023년 12월) 라면 1개를 외상으로 줄 수 있냐는 부탁을 하자, 이를 딱하게 여겨 라면과 즉석밥, 즉석 카레 등 5만 원 상당의 생필품을 챙겨줬다. 이후에도 가게 근처 골목 한구석에서 허름한 옷차림으로 웅크리고 앉아 휴대폰을 보곤 하던 그 청년에게 두세 차례 생필품을 챙겨주었다고 한다. 그리고 왕래가 없던 그 청년이 몇 개월 뒤 봉투를 들고 찾아왔다. 그 봉투에는 취업 후 받은 월급에서 뗀 20만 원과 함께 "많은 금액은 아니지만 두 분 외식할 때 보태어 쓰시면 기쁠 것 같습니다. 덕분에 살아있습니다. 감사합니다" 라는 쪽지가 있었다.

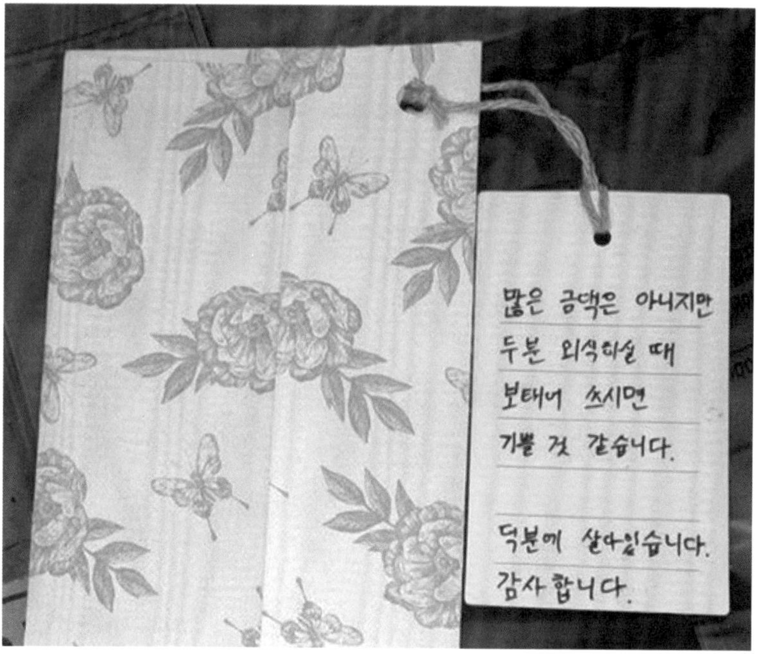

라면 1개를 외상으로 달라던 청년이 생필품 무상지원을 받고, 취업 후 해당 가게 주인에게 건넨 20만 원이 든 봉투와 감사의 쪽지

이 미담의 주인공 가게 주인 부부가 청년을 도울 수 있게 한 사업이 바로 '온스토어' 사업이다. 이 사업은 부천시의 슈퍼마켓, 편의점, 약국, 반찬가게 등 동네 가게 종사자들이 어려운 이웃을 발견하면 물품을 지원하고, 부천시가 기금에서 해당 비용을 보전(최대 5만 원)해 주

고, 담당 공무원이 현장 조사를 거쳐 필요한 서비스를 제공하는 복지·안전 플랫폼이다.

이 사업은 치매 노인, 학대 피해 아동, 단절된 1인 가구 등 취약계층의 복지 사각지대를 시민 참여로 최소화하기 위해 시행했는데, 2025년 3월 현재 부천시 내 134개 가게가 참여해 1,512명의 이웃을 지원했고, 200여 건의 공공서비스를 연계했다고 한다.

'시민이 우선 찾아내고 공무원이 직접 찾아가는 부천 온스토어'라는 슬로건을 내건 이 사업은 남에 대한 따뜻한 관심을 적극적으로 독려하고 고무시킨다는 점에서 나의 관심을 끌었다. 사회적 약자를 발굴하는 일을 같은 마을의 주민들이 해낸다는 점에서 마을의 공동체성을 강화하는 순기능이 생길 것으로 보였다.

온갖 욕설, 혐오, 조롱, 가짜뉴스 등 공동체를 붕괴시키는 언어들을 내뱉어 돈방석에 앉는 세상에서, 착한 일을 해서 돈을 벌 수 있는 세상의 가능성을 보여줬다는 점에서 기존 관성을 전복하는 의미가 크다고 느꼈다.

이런 일을 처음 시도할 때 흔히 생기는 부작용에 대한 우려를 극복하고 일을 추진했다는 점에서도 박수를 보낸다.

소멸 위기 공동체 복원에 기여할 농촌기본소득 사업

우리 모두에게 내가 사는 마을에서 내 주변을 스쳐 지나가는 주민들을 도울 수 있는 5만 원의 여윳돈이 생긴다면 마을의 모습은 어떻게 변할까? 서로 뭔가 공동체를 위한 활동을 만들어내려 노력하지 않을까? 실제로 농촌기본소득을 시범적으로 실시하고 있는 경기도 연천군 청산면에서 벌어지고 있는 일이다.

2022년 이재명 경기도지사 시절 전 면민에게 1인당 월 15만 원을 주는 농촌기본소득 시범사업을 시작한 후, 주민들의 모임이 늘어나고 모임이 늘어나면서 기본소득 수입의 일부분을 공동체를 위한 용도로 사용하게 됐다고 한다. 이번 대선에서 더불어민주당 이재명 후보가 약속하는 농촌기본소득 사업이 소멸위기 지역의 공동체를 복원하는 데 기여할 수 있을 것이라는 기대를 하게 되는 이유다.

우리 함께 헌법 읽기로 열린 공동체 만들기

두 번째 뉴스는 며칠 전인 5월 26일 창립한 '국민주도상생개헌행동 청량리 다일원탁회의' (이하 '청량리다일원탁회의) 뉴스다. 내가 참여하고 있는 '국민주도상생개헌행동' (이하 '개헌행동')은 박정희 유신독재 헌법을 만들면서 없애버린 헌법의 국민발안제 조항을 다시 복원하는 운동을 하고 있다.

이 국민발안 개헌을 국민 주도로 하기 위해 '개헌행동' 은 전국 읍·면·동 풀뿌리 단위에서 주민 스스로 원탁회의를 구성해 헌법을 공부하고, 각 원탁회의에서 추첨으로 선정된 민회를 기초·광역·전국 3계층 단위로 설치하고 협의해 개헌안을 만드는 계획을 추진 중이다. '청량리다일원탁회의' 는 이 계획에 따라 설립된 첫 번째 읍·면·동 원탁회의다.

'청량리다일원탁회의' 대표는 '밥퍼 목사' 로 유명한 최일도 목사다. 최 목사는 창립식에서 “전국의 3,500개 읍·면·동마다 교회 없는 마을은 없다! 전국의 교회들이 풀뿌리 주민들과 한마음 한뜻이 되어 주도적으로 상생개헌을 이루는 기도회와 운동을 함께 펼칠 수 있기를 원한다. 그리하여 증오와 갈등의 시대를 화해와 상생으로 이끌어가는 평화의 도구로 쓰이기를 간절히 소원한다! 전국 방방곡곡에서 같은 뜻을 가진 목사님들과 성도님들이 원탁회의 운동에 동참한다면 화해와 상생을 이루는 성령의 불꽃이 참으로 놀랍게 피어날 것이다” 라며 희망과 포부를 밝혔다.

매주 한 번씩 마을 주민들이 모여 헌법을 같이 읽는 공동체가 전국 읍·면·동에 생긴다면 대한민국은 어떻게 변할까? 공동체의 내적 친밀성과 외적 공격성은 동전의 양면과 같다. ‘우리가 남이가!’ 라며 원팀을 얘기하는 순간 ‘너희는 남이다!’ 도 함께 얘기하는 것이다. 그런데 ‘우리’ 가 함께 헌법을 읽는다면 그 ‘우리’ 는 열린 공동체가 되지 않겠는가?

이익공동체가 아닌 공익공동체가 전국에 생긴다면, 우리가 마을에서부터 헌법을 함께 읽으며 증오와 적대의 정치가 아닌 관용과 절제의 정치를 해나간다면 대한민국은 어떻게 바뀔까? 상상만 해도 감동이다. 전국의 정치인들, 정치지망생들 중에서 헌법을 제대로 읽어 본 사람은 몇 명이나 될까? 윤석열은, 한덕수는, 최상목은 헌법을 제대로 읽어봤을까? 헌법정신이라는 것을 알고나 있을까?

국민발안 개헌 운동을 하며 듣게 되는 가장 큰 반론이 바로 국민발안을 하게 되면 기독교 극우세력 또는 사이비 종교 집단에 의해 악용

될 것이라는 얘기였다. 일단 이런 우려는 지금 우리가 대통령 직선제를 하고 있고, 이미 노태우, 이명박, 박근혜, 윤석열 같은 헌정에 오점을 남긴 대통령들을 직선제로 뽑았음에도 불구하고, 직선제를 간선제로 바꾸자는 얘기를 하지는 않는다는 점에서 그 근거나 일관성이 없어 보인다. 그런 우려는 극우 종교세력들보다 지역 주민들과의 접촉 빈도나 친밀도가 약하다는 점을 고백하는 것처럼 보인다. 극우 종교집단이 마을에서 얼굴과 얼굴을 맞대며 세력을 넓히고 있다고 느끼기 때문일 것이다. 그렇기에 종교 경전이 아닌 헌법을 중심으로, 온라인이 아닌 마을에서 서로 만나며 만들어지는 공동체는 그 의미와 가능성이 남다른 것이다. '청량리다일원탁회의'의 설립이 소중하고 역사적인 출발로 여겨지는 이유다.

공동체를 살리려는 기초지자체의 참신한 시도, 풀뿌리에서부터 헌법을 중심으로 하는 공익적인 마을공동체를 만드는 일. 이런 시도들을 통해 건강한 공동체문화를 만드는 일은 근본적인 사회 대개혁이 될 것이고, 이는 진보와 보수의 이분법을 넘어서는, 높은 문화의 힘을 가진 문화국가의 든든한 토대가 될 것이다.

헌법 1조가 보장하는 주권자의 권력을 실질적으로 보장하는 국민발안제 개헌은 바로 그런 문화국가 대한민국을 만들어 가기 위한 필요조건이라고 생각한다. 어제 5월 26일 민주노동당 권영국 대통령 후보는 '국민발안제'와 인구분포 반영 추첨으로 '개헌 시민회의'를 구성하여 광장 개헌을 추진하겠다는 등의 내용을 담은 개헌 공약을 발표했다.

더불어민주당 이재명 후보는 ‘민회와 같은 민주주의’, ‘직접 민주주의 강화’, ‘국민발안제’ 등을 몇 차례 발언했지만 정작 5월 18일 개헌 공약을 발표할 때는 ‘국민발안 개헌’ 내용이 빠져있어 아쉬움을 주었다. 이번 내란 세력의 친위쿠데타를 막아내는 데 큰 역할을 한 ‘위대한 국민’이 광장에서 쏟아낸 다양한 요구들을 내란 종식과 사회 대개혁에 담아내기 위해서는 국민발안 개헌이 필요하다. 더불어민주당과 민노당 그리고 모든 헌정 수호 정치세력과 시민단체 그리고 헌정 수호 국민들이 함께 노력해서, 1987년 직선제 개헌으로 이뤄냈던 직접 민주주의의 성취를 2025년에 국민발안제 개헌으로 이뤄낼 수 있기를 바란다.

국민주권시대,
읍·면·동 자치정부를 열자

2025년 10월 20일 칼럼

지난 11일 밤 11시 10분 경, 가평군 청평면의 한 식당이 화재로 식당 안쪽 방에서 잠을 자던 40대 부부와 고등학생, 중학생 자녀 일가족 4명이 숨지는 참사가 일어났다. 내가 일하는 사무실에서 불과 200미터도 떨어지지 않은, 늘 지나다니던 식당에서 발생한 참사라 충격이 컸다. 성실했던 부부와 사랑받던 두 학생의 이야기가 전해지면서 지역사회의 슬픔은 더욱 컸다. 그리고 단순 실화로 인한 비극으로만 여길 수 없는 사실이 알려지면서 슬픔에 더해 자괴감까지 촌 동네를 덮쳐 버렸다.

지역언론 <NGN뉴스>의 보도에 따르면 현장을 목격한 주민들은 "소방대가 한참 동안 외부에서 물만 뿌리고, 사람이 안에 있다는 걸 알고도 들어가지 않았다"고 말했다고 한다. 그럴 수밖에 없는 것이 화재 발생 후 6분 만에 신속하게 도착한 청평 지역대의 근무 인원 3명은 구급차 담당 2명, 소방 담당 1명이었다. 인명 구조 인력이 편성돼 있지 않은 것이다. 출구 쪽 화재로 가족들은 밖으로 나올 수 없었고, 소방대는 인명 구조 인력이 없으니 들어갈 수 없었다.

그렇게 밖에서 인명 구조의 골든타임을 허비하며 물만 뿌리는 사이 1시간이 흘렀고, 인근 남양주시에서 인명구조대가 온 이후에야 4명의 일가족은 화마를 벗어날 수 있었다. 그러나 이미 모두 심정지로 사망한 상태였다. 소방대 팀장은 "현재 구조라면 인명구조가 현실적으로 어렵다"라고 토로했고, 전문가들은 "소방 인력 구조의 총체적 실패"로 지적했고, 가평소방서 관계자는 화재 발생 시 인명 구조는 "본서 지원이 도착하기 전까지는 사실상 무방비 상태"라고 인정했다고 해당 기사는 보도했다.

이 기사를 통해 나는 섬찟하고 무서운 사실을 알았다. 나의 가족과 이웃은 불이 나서 화염에 휩싸이면 적어도 1시간은 살아서 버텨야 인명구조대를 만날 수 있는 곳에 살고 있다는 사실이다. 이 참사는 중앙 언론에도 보도가 됐다. 그런데 이 참사를 보도하며 화재가 난 건물이 대피하기 어려운 구조로 되어 있고,, 소방대원의 안전을 고려해 건물 내 진입을 못했다는 소방관의 해명성 인터뷰만 보도했을 뿐 그렇게 된 구조적 원인에 대한 언급은 없었다.

결국 화재 진압 중 소방대원의 사고를 예방하려다 보니 어쩔 수 없이 인명구조가 늦어질 수밖에 없었다는 방향으로 보도가 됐고, 4명의 일가족은 화재 시 대피할 비상구도 없는, 안전상 문제가 있는 식당에서 부주의하게 살다가 유명을 달리한 꼴이 돼버렸다.

이 가족은 월세 내며 운영하던 식당 건물을 매입하느라 살던 아파트를 팔고 식당 단칸방에서 함께 생활했다고 한다. 당연히 생활이 불편했겠지만 행복한 꿈을 키우며 함께 살던 단란한 가족은 그렇게 불

명예스럽게 세상을 떠난 것으로 알려졌다. 왜 이런 식으로 보도가 된 것일까? 이런 중앙언론의 보도 방향은 지방의 구조적 문제를 간과할 수밖에 없는 무의식적인 관성이 만들어냈을 것이라는 게, 서울에서 나고 자라 YTN에서 근무했었던 나의 경험에서 나온 판단이다.

도시가 모든 세상의 중심이고 기준이라고 생각했던 무지했고 부끄러웠던 나의 과거를 돌이켜볼 때 드는 추정이기도 하다. 낙수물 효과라고, 윗 잔에 물이 가득 차게 되면 흘러넘쳐 아래 잔으로 내려가게 되는 것처럼, 일단 윗 잔인 도시에 필요한 소방 인력부터 채우고 나서 인구가 적은 촌의 소방 인력을 채우겠다는 발상이다. 한정된 예산을 배분하다 보니 일단 인구가 많은 곳부터 예산을 배정할 수밖에 없는 것 아니냐는 주장이 합리적인 것처럼 보이기도 한다. 결국 표가 있는 곳에 예산이 가는 것이 얼마나 민주적인가!

그런데 이렇게밖에 할 수 없는가? 그렇지 않다는 것을 이미 수십 년 제도를 통해서 입증한 나라의 이야기를 들을 기회가 얼마 전에 있었다. 지난 17일, 경기북부특별자치도 범도민추진위원회가 남양주에서 주최한 <스위스 정치시스템과 한국 지방자치 개혁 방향과 과제>라는 토론회에서였다. 연방제 국가 스위스의 바인펠덴시 도미니퀴 보른하우즈 시정위원은 스위스 정치제도의 기본원칙이 연방주의, 보충성 원칙, 권력분립, 화합, 그리고 직접 민주주의라고 소개하면서, 이 중 가장 첫 번째로 '보충성의 원칙'을 강조했다. 아래 발표 자료에서 보듯 '보충성 원칙'은 주민 대부분의 민생과 관련한 의사결정은 주민들과 가장 가까운 자치단체에서 하는 것을 기본 원칙으로 하고, 상위의 자

스위스 보충성 원칙

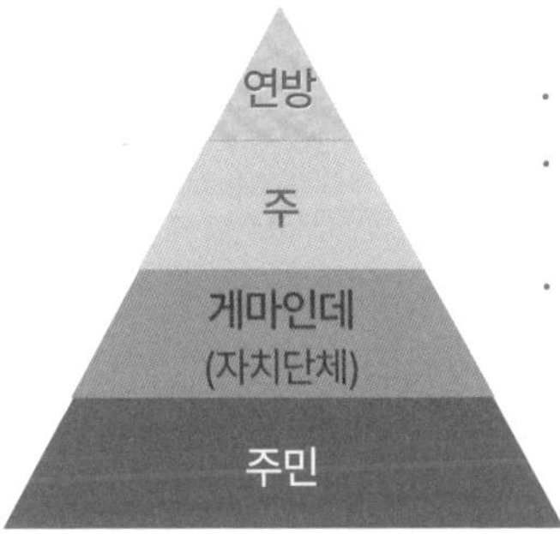

- 아래의 공동체가 자기책임을 가진다.
- 위의 공동체는 필요한 경우에 한해서 단지 지원을 할 따름이다.
- 의사결정은 가장 낮은 지점에서이루어진다.

치단체는 꼭 필요한 경우에 지원하도록 하는 것이다.

우리의 읍·면·동에 해당하는 게마인데에서 유아교육, 초중등교육, 사회서비스, 상하수도, 전력, 교통, 지방도로, 토지이용계획, 자연 자원관리, 여가, 문화, 경찰(소방,교통, 거래, 사업), 민방위 등 실제 민생과 관련한 모든 사무를 담당한다고 한다. 평균 인구 약 4,100명인 2천개가 넘는 게마인데가 이런 사무를 각각 맡아 자치정부로서 스위스 연방국가를 구성하고 있는 것이다.

이런 사무를 담당하기 위해서는 예산 확보도 필수적이다. 이 부분도 스위스는 우리나라와 확연히 다르다. 스위스는 2020년 총 조세수입의 23%를 게마인데가, 33%를 켄톤이, 44%를 연방정부가 거뒀다고 한다. 2024년 스위스 조세수입은 약 2,600억 스위스 프랑이었다. 이를 원화로 바꾸면 약 411조 원이고 게마인데의 세금 수입 비율인 23%는 95조 원가량 된다. 게마인데의 수를 2,100개로 치면 한 게마인데 당 약 450억 원의 세금을 독립적으로 거둬 공공서비스에 사용할 수 있게 된다. 읍·면·동이 중앙정부, 광역정부, 시·군 기초자치단체에서 나눠주는 예산을 사용하는 것이 아니라 450억 원의 예산을 직접 과세하고 거두고 지출하는 결정을 주민이 직접 하고 있다. 스위스 게마인데의 재정자립도가 80% 후반대라고 하니 주민이 외부 눈치 보며 결정할 개연성도 매우 낮다. 그만큼 권한도 책임도 큰 것이다. 바로 스위스 정치의 큰 특징인 직접 민주주의의 실현이다.

2025.10.17. <경기북부특별자치도 설치를 위한 토론회>에서 발제 중인 도미니퀴 보른하우즈 스위스 바이펠덴시 시정위원. 현직 교사로 정당에 가입해 있고, 교사 활동과 시정위원 활동을 같이 하고 있다.

내가 사는 가평군의 재정자립도가 20% 내외다. 즉 80% 정도의 추가 예산 확보를 위해 상급 정부의 눈치를 보거나 목을 매는 상황이다. 군의 상황이 이럴진대 하물며 군의 하급기관인 읍·면의 자치권은 어떠할 것이며, 그 주민의 자치권은 또 어떠하겠는가.

가평군 6개 읍·면의 평균 인구는 약 1만 명이다. 그런데 스위스 게마인데의 평균 인구는 약 4,100명에 불과함에도 불구하고 강력한 조세자치권을 보장하는 것은 인구의 많고 적음이 그 판단기준이 아니라는 사실을 말해준다. 인구수에 따라 '합리적' 으로 예산을 배분하는 것이 아니라 주권자의 자치권을 존중해야 한다는 철학에 입각해 주민자치를 할 경제적 토대, 제도적 설계를 해 놓은 것이다.

청평의 화재 참사를 만든 '소방 인력 절벽' 의 대한민국 식 '합리와 민주' 는 스위스에서는 발붙일 수 없는 '합리와 민주' 이다. 이런 관점에서 아래 통계(OECD 재정분권 자료 2019)를 보면 우리의 지방분권이 얼마나 허울뿐인지 확인할 수 있다.

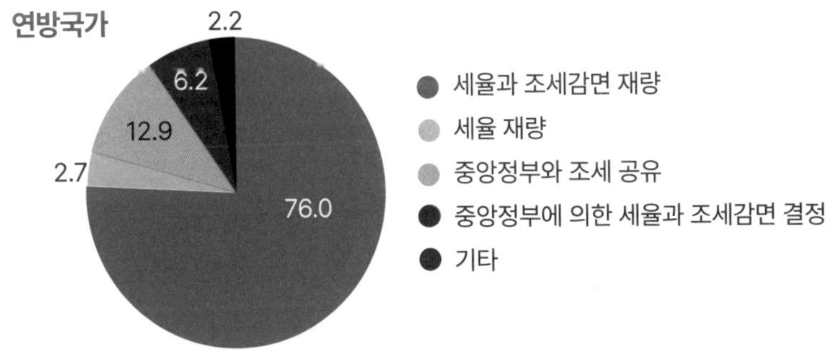

자료 : «국가는 어떻게 번영하는가» (안성호 2025) 181쪽

OECD 내 연방국가의 지방정부 조세자치권을 보면 '세율과 조세감면 재량' (●)의 비율이 76%다. 우리나라 지방정부의 조세자치권과 같은 상황인 '중앙정부에 의한 세율과 조세감면 결정' (●)비율은 고작 6.2%에 불과하다. 그만큼 지방정부의 재정권한이 큰 것이다. 이것은 연방국가라서 그럴까?

단방국가

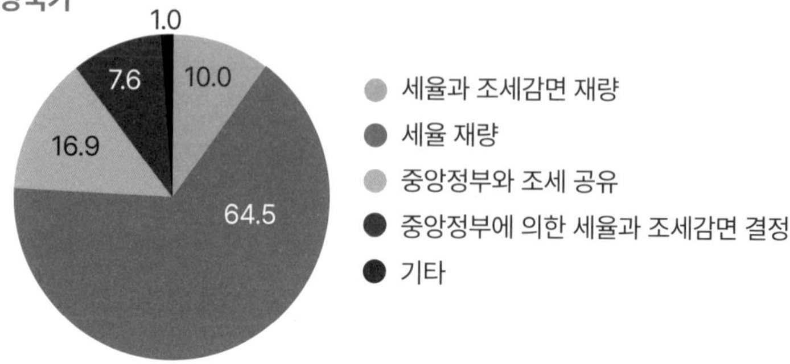

자료 : ≪국가는 어떻게 번영하는가≫ (안성호 2025) 181쪽

우리나라와 같은 단방국가의 경우도 지방정부가 세율 재량의 자치권을 갖고 있는 비율(●)이 64.5%이고, 조세 감면 재량(●)까지 갖고 있는 비율(10.0%)까지 합치면 74.5%다. 우리나라와 같은 상황인 '중앙정부에 의한 세율과 조세감면 결정'(●) 비율은 단방국가의 지방정부일지라도 7.6%에 불과하다. 아마도 우리나라가 이 비율을 높이는데 크게 이바지하지 않았을까 하는 추측을 하게 된다. 우리나라가 OECD 선진국이 됐다지만 조세자치권에 있어서는 모자라도 한참 모자란 후진국인 것이다.

경제적 자립 없이 정치적 자립은 불가능하다. 지방의 이런 종속적 상황은 우리의 지방자치가 얼마나 중앙집권적인지를 여실히 보여준다. 이렇게 된 데에는 제도 미비의 책임을 묻지 않을 수 없다.

우리나라 읍·면은 법적으로 지방자치단체가 아니다. 지방자치단체였던 읍·면을 1961년 5.16 군사쿠데타 후 박정희 정권이 군(郡)의 하부기관으로 만들어 버렸다. 1988년 현재의 헌법이 만들어지고 지방자치법이 개정됐음에도 불구하고 여전히 지방자치단체로서의 자치권을 회복하지 못하고 있다. 또한 지금 헌법은 '조세의 종목과 세율은 법률로 정한다' (헌법 제59조)로 돼있고, 입법은 국회의 권한으로 돼있어서 지방자치단체의 과세권을 원천 봉쇄하고 있다.

현재의 헌법이 만들어지고 지난 38년 동안 지방소멸이 심화한 데는 우리 헌법이 든든한 배후 역할을 해온 것이나 다름없다. 내 살림을 내가 정하지 못하고, 사용할 수도 없는, 그런 살맛 안 나는 곳에서 계속 살라고 하면 독자는 살겠는가? 내 생명을 서울에서 결정한다면 서울로 삶의 거처를 옮기는 것이 당연하지 않겠는가? 'in 서울'이 안되면 서울 주변에서 호시탐탐 'in 서울'을 노리는 것이 우리의 모습이 아닌가? 우리 헌법이 그렇게 지방소멸의 밑그림을 그려놓은 것이다. 이 사실을 그동안 국회의원들이 몰랐고, 중앙정부 공무원들도 몰랐을까? 지금이라도 안다면 지금의 양대 정당은 현재의 제도를 바꿀까?

개헌을 하고 관련 법을 바꿔 우리나라도 스위스처럼 조세자치권을 갖게 된다면 읍·면·동의 자율적 예산은 얼마가 될까? 대략적으로 비교해 계산해 보았다.

구분	스위스	대한민국
① 2024년 총 조세수입	411조 원	460조 원
② 게마인데 조세 수입 비율(우리 읍·면·동에 적용)	23%	23%
③ 게마인데(읍·면·동) 조세 수입 = ①x②	95조 원	106조 원
④ (게마인데:읍·면·동) 단체 수	2,100개	3,500개
⑤ 게마인데(읍·면·동)당 조세 수입 =③/④	450억 원	303억 원

우리나라 각 읍·면·동에서 303억 원의 예산을 독립적으로 걷고 쓰고 했다면 청평 일가족 참사를 만든 '소방 인력 절벽' 현상이 발생했을까? 도시민의 생명과 촌민의 생명을 살리는 데 차별이 생기는 현상이 발생했을까? 내가 사는 동네에서 모든 꿈이 이뤄지는데 굳이 내가 속한 마을공동체를 떠나 객지에서 각자도생을 선택하는 사람들이 있을까?

소국과민(小國寡民). 작은 나라와 적은 인구. 노자가 ≪도덕경≫에서 제시한 이상적인 국가의 모습이다. 스위스의 게마인데 자치정부가 바로 그런 소국과민의 국가가 아닐까 싶다. 우리가 제도를 바꿔 읍·면·동의 기초자치단체 지위를 복구하고 스위스의 게마인데처럼 만든다면 우리나라에도 그런 소국과민의 이상적인 국가가 3,500개가 만들어진다. 소국과민과 얼굴을 맞대고 하는 정치는 AI의 폐해와 극우 파시즘의 발호를 막기 위한 대안이기도 하다.

이런 자치가 불가능하다고 느껴지는가? 두려운가? 과거 그런 불안과 두려움은 식민, 분단, 독재를 합리화하는 수단이었다. 대한민국은 그런 불가능과 두려움을 넘어선 의민(義民)들이 세운 나라다. '국민주권시대'를 연 의민은 이제 승자 독식의 정치 시스템, 엘리트 중심의 대의제와 관료제 그리고 과잉된 중앙집권제를 극복해 내야 한다. 그리고 생명의 터전인 촌을 더 이상 도시의 식민지처럼 만드는 일을 중단시켜내야 한다. 읍·면·동 자치정부가로 가는 길이 의민이 갈 길이다.

'경기북부특별자치도'가 꿈꾸는 특별한 '주민'자치

2025년 9월 23일 칼럼

코가 렌조 : "조선의 실력이 충분해진 후에는 자치를 요구할 수 있겠지만, 지금의 현실은 조선을 부강하게 만드는 것이 최우선입니다"

몽양 여운형 : "잊지 마십시오! 실력을 양성하는 데는 자유 발전이야말로 최대 요건이요, 최속의 성공을 보장하는 것입니다."

1920년 11월 20일. 조선의 식민지 사무를 총괄하는 일본의 척식장관 코가 렌조와 몽양 여운형 선생이 나눈 대화 중 일부다. 1919년 3.1 혁명이 발발하자 일제는 전 민족적으로 일어난 독립만세 시위, 파리 강화회의 참석, 그리고 임시정부 수립 등의 일련의 과정은 특별한 기획이 있었기에 가능하다고 보고 그 배후세력을 탐색했다. 그 결과 그 배후세력의 핵심 인물로 상해교민단장이자, 신한청년당의 대표인 몽양 여운형을 지목하고 독립운동 세력을 분열시키기 위한 공작의 일환으로 그를 일본으로 불러들였다. 위 대화는 그렇게 일본으로 초청된 몽양 선생이 코가의 저택에서 나눈 대화다.

당시 일제는 코가 척식장관을 비롯해 육군대신, 조선총독부 정무

총감, 내무대신, 체무대신 등이 몽양 선생을 만나 권력, 돈, 신문명 등으로 회유, 협박, 매수 등을 통한 굴복을 꾀했지만 모두 실패했다. 당시 33세의 청년 여운형은 아버지뻘 되는 나이의 일제 고관대작들을 마치 도장깨기 하듯 모두 논리적인 웅변으로 물리쳤다.

오래전 독립운동의 일화를 소개하게 된 이유는 최근 도올 김용옥 선생이 쓴 ≪새 시대의 새 지도자 몽양 여운형≫을 읽으며, 위 대화가 최근 내가 하고 있는 경기북부특별자치도 설치와 관련해서 특별하게 눈에 띄었기 때문이다.

코가 척식장관의 발언 중 '조선'이 내게는 '경기 북부'로 읽혔다. "경기 북부의 실력이 충분해진 후에는 자치를 요구할 수 있겠지만, 지금의 현실은 경기 북부를 부강하게 만드는 것이 최우선입니다." 바로 지금 경기북부특별자치도 설치를 반대하는 대통령을 비롯한 중앙정부의 논리다. '경기 북부는 세수(稅收)가 부족하고 재정이 열악하니 일단 경기 북부의 경제를 발전시킨 후 분리해야 한다.'라는 논리다. 이른바 시기상조론이다. 이런 반대논리 속에서 경기 북부의 경제는

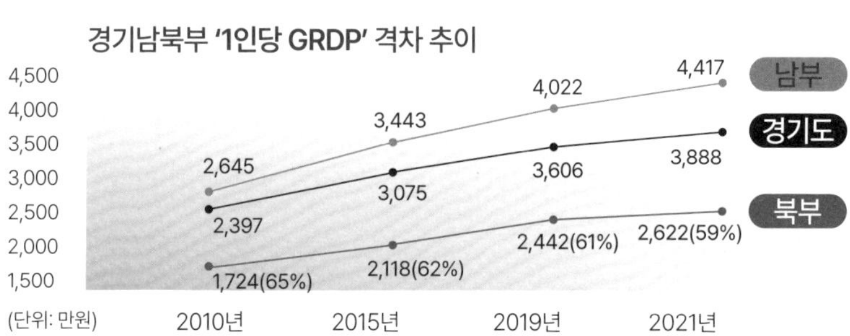

자료 : 경기북부특별자치도 민관합동위원회

더욱 열악해지고 있다.

위 표에서 보는 바와 같이 경기 남북부의 1인당 GRDP의 격차는 늘어나고 있다. 경기북부의 1인당 GRDP는 전국 최하위 수준이다.

경기 북부는 접경지역, 수도권, 상수원 등 각종 중첩규제로 경제발전을 일궈 낼 투자가 어려운 지역이다. 결국 특별법으로 합리적인 규제 정비가 필요함에도 불구하고 '선 경제발전 후 특별자치도'를 얘기하며 시기상조를 얘기하는 것은, 더 나락으로 빠지라는 말과 다름이 없다.

이런 경제적인 조건뿐만 아니라 내가 가평군에 귀촌해서 본 상황은 기본적인 헌법적 권리가 보장되는 곳인가 하는 의문까지 들게 했다. 가평군에 산부인과 병원, 소아청소년과 병원, 전문의도 전무했고, 경기 남부에 6곳이나 있는 상급종합병원이 경기 북부에는 단 한 군데도 없었기 때문이다. 경기 남부에 26곳이나 있는 4년제 대학이 경기 북부에는 단 4곳뿐이었다. 전국적으로 봐도 매우 적은 숫자인데도 불구하고 각종 규제로 인해 4년제 대학을 유치하기가 힘들다.

국가 안보와 수도권 상수원 보호를 위해 특별한 희생을 강요받아 온 경기 북부의 균형 발전은 국가의 책무다. 그런데 '이재명 정부 123대 국정과제'에는 관련 정책이 없다. 과제 49번 '5극 3특'과 중소도시 균형성장 과제의 주요 내용을 보면, <ㅇ (특별지자체 출범 지원) 수도권 일극 체제 극복을 위해 5극 초광역권(수도권·동남권·대경권·중부권·호남권)별 특별지자체 설치·운영>이라고 돼 있어서, '수도권'에 묶여 있는 경기 북부는 오히려 '특별지자체' 예외 지역이 돼버렸다. '수도권'이라는 등잔의 어두운 밑이 바로 경기 북부인 것이다.

경기북부특별자치도 범도민추진위는 지난 8월 22일 '대한민국 대전환을 위한 값진 도전 경기북부특별자치도'라는 주제로 국회토론회를 개최했다. 이 자리에서 난 범도민추진위의 입장을 대변해 발표를 했다. 그 내용은 대략 다음과 같다.

"흔히 지금이 '문명의 대전환'이 필요한 시기라고 한다. 기존의 삶을 만들어왔던 문명이 전 지구적 공멸의 위기, 대한민국 소멸의 위기를 불러왔기 때문이다. 이 위기는 크게 '지구열대화', '불평등의 심화', '전쟁'으로부터 비롯되고, 그 뿌리에는 서양 근대 이후의 인간중심주의적 세계관과 약탈적 자본주의가 똬리를 틀고 있다. 그래서 대전환은 이 뿌리에서부터 시작해야 한다.

대한민국이 '드높은 문화의 힘'으로 전 세계를 주도하려 한다면 바로 이 대전환의 문화를 만들어내야 할 것이다. 그러나 이미 기존 패러다임에 강력하게 포획된 세계 질서 속에서 그것은 쉽지 않다. 그렇다고 계속 기존 질서 속에서 '거대한 가속'을 하며 공멸을 앞당기는 'K-이니셔티브'를 쥐어야 할까?

나는 경기북부특별자치도가 '담대한 전환'의 쇄빙선 같은 역할을 하길 바란다. '생태', '순환 경제', '평화'의 가치로 각각 '지구열대화', '불평등', '전쟁'의 위기를 극복하기 위한 값진 도전을 할 수 있는 특별자치도이길 바란다. 기존 3개의 특별자치도와 비슷한 또 하나의 특별자치도가 되는 것이 아니라 연방제 수준의 분권을 갖는, 주민자치 권력으로 대한민국 대전환을 이끄는 특별자치도가 되길 바란다.

대한민국이 한 번에 하기 힘든 대전환을 선도적으로 구현해 보는 도전의 땅이 되길 바란다. 마치 이재명 대통령이 경기도지사 시절 연천군 청산면에서 농촌기본소득을 시범적으로 실시했던 것과 같은 맥락이다.

경기 북부는 넓은 생태보전지역이 있고, 어느 지역보다도 평화가 필요한 접경지역이고, 도농 복합 지역이자 땅의 넓이와 약 365만의 인구 규모로 순환경제의 여건도 갖춘 곳이다. 이재명 대통령은 '특별한 희생에 특별한 보상'을 얘기해 왔다. 그 '보상'이 '돈'보다는 연방제 수준의 분권, 새로운 세상에 대한 값진 도전을 지원하는 것이기를 바란다. 과거 중앙집권적 국가 전략 속에서 '먹사니즘'을 위해 '무작정 상경'을 했다면, 이제 '담대한 전환'의 삶을 통해 '잘사니즘'을 구현하고 싶은 사람들이 경기북부특별자치도로 이주하는 새로운 풍조가 생기길 기대한다."

위 내용에서 확인할 수 있듯이 경기북부특별자치도 범도민추진위의 주장은 기존 경제성장 트랙에서 더 빨리 달릴 수 있는 특별한 트랙을 만들어 달라고 하는 것이 아니다. 기존 특별자치도 성격의 자치도를 하나 더 추가해 달라는 것도 아니다. 대한민국 대전환의 쇄빙선 역할을 할, 전혀 다른 지방자치 정책실험의 플랫폼을 만들어보겠다는 것이다.

지난 9월 12일 강원도에서 열린 이재명 대통령과의 타운홀 미팅에서 한 강원도 춘천시민의 발언이 눈길을 끌었다.

"대통령님, 강원도는 매년 8조, 9조, 이제는 10조. 사상 최대 국비 확보라며 홍보에만 열을 올립니다. 그런데 도민들은 이렇게 말합니다. 그 많은 돈 다 어디 갔는데? 특별자치도가 출범했지만 도민들은 '무엇이 특별해졌는가' 라고 묻고 있습니다"라며 "강원특별자치도에 실질적인 권한을 보장해 달라"고 요구했다. 이에 대해 이재명 대통령은 "자치권한 확대는 다 맞는 말씀이다. 기본적으로 맞는 말씀이셔서 안전장치를 만들어 가면서 지방정부, 자치정부들의 권한은 최대한 확대하고 자율성도 높여가도록 하겠다"고 답변했다.

이 질의 답변에서 확인할 수 있는 것처럼 지금의 특별자치는 주권자에게 효능감을 주는 자치가 아니다. 그래서 지방정부의 권한을 최대한 확대하고 자율성을 높이되 안전장치를 만들어 가겠다는 이재명 대통령의 발언에서 '안전장치' 가 무엇이 될지 주목하지 않을 수 없다. 지금 확대하고 높여야 할 것은 지방행정의 권한이 아니라 풀뿌리 주민의 권한, 즉 주권자에게 실권을 줘야 하는 것이기 때문이다.

지방자치를 시작할 때 중앙권력은 지방자치로 인해 발생할 폐단을 우려했지만 지방자치로 인해 우리 민주주의가 크게 발전했음은 부인할 수 없는 사실이다. 성남시장, 경기도지사로 실적을 내며 국회의원과 대통령으로 선출돼 국민주권시대를 연 이재명 대통령이 산증인이기도 하다.

그런데 기초지자체에서 살고 있는 마을활동가의 처지에서 보면 지금의 지방자치는 아직 풀뿌리 주민자치 단계까지 내려오지 않았다. 즉 지방자치는 지방 '행정' 의 자치 강화에서 멈춰 서 있다. 이 강화된 지방 '행정' 의 자치는 지역 내 지연, 혈연, 학연 등과 얽혀 토착비리와 부패의 온상이 되고 있다. 이런 상황 속에서 기초지자체 행정은 주민들에게 권한을 주면 폐단이 우려된다며 과거 중앙권력이 보였던 모습을 보여주고 있다. 국민주권정부는 멈춰 선 자치의 흐름을 터주는 역할을 해야 한다. 이재명 대통령이 말한 '안전장치'는 바로 이런 역할이다.

강원타운홀미팅이 열리던 9월 12일 바로 그날, 국회에서는 주민자치회 법제화와 마을공동체활성화 기본법 제정을 촉구하는 '2025 풀뿌리 자치 전국주민행동 대회'가 열렸다. '빛의 혁명'을 거치면서 더욱 높아진 풀뿌리 주민자치와 직접민주주의 확대의 열망을 입증이라도 하듯 예상 참여 인원을 훌쩍 뛰어넘는 1천여 명의 활동가들이 모였다. 이들에게 실질적인 힘을 주는 것이 바로 지방정부의 권한 남용을 막는 '안전장치'가 될 것이다.

경기북부특별자치도 범도민추진위가 지향하는 특별자치도는 바로 이런 풀뿌리 자치와 직접 민주주의의 확대 심화를 통해 특별한 '행정'의 자치가 아니라 특별한 '주민'의 자치가 풍성한 특별자치도다. 자치권한 확대에 동의하는 이재명 대통령과 국민주권정부는 이 점을 깊이 헤아려 주기를 바란다. 몽양 여운형 선생이 코가 척식장관에게 했던 답변을 지금 이렇게 고쳐 써본다. 국민주권정부는 일제와는 다른 응답을 해줄 것이라 믿는다.

"잊지 마십시오! 경기 북부의 실력을 양성하는 데는 자유 발전이야말로 최대 요건이요, 최속의 성공을 보장하는 것입니다."

| 신동진이 꿈꾸는 가평 |

불안한 자영업자의 가게가 '중산층의 기업'이 되는 순간

북면의 한 펜션 주인을 떠올린다. 주말마다 예약 앱을 새로고침하며 이번 달 대출이자를 어떻게 낼지 고민했던 가장, 예약이 끊기면 가족들 눈치 보고, 노모의 병원비는 늘 미뤄졌다.

이 펜션이 공영호텔(가평문화호텔) 체계 안으로 들어와 '사장님'이 아닌 가평군 공기업의 '지점장님'이 되는 순간, 풍경은 바뀐다.

마케팅과 예약은 본사(가평문화호텔)가 맡고, 점검과 손님 맞이를 책임지며 매달 일정한 수익과 관리비를 받는다. 엄마는 마을 식당 매니저로 정규직이 되고, 아들은 공정주택의 집문서를 손에 쥐고 공영상조회에서 어르신의 마지막을 돕는 보람된 일을 한다.

여기에 햇빛연금, 간병비·장례비를 줄여주는 마을기금, 교통·교육비를 줄여주는 100원 택시와 AI 패스가 더해지면, 이 가족의 가계부는 '운 좋을 때만 버티는 장사'에서 '예측 가능한 중산층'으로 옮겨간다.

나는 이것이야말로 '촌스러운 진짜 경제'가 무엇인지 보여주는 장면이라고 생각한다. 대기업 본사로 빠져나가던 돈이 지역 화폐와 마을 일자리로 바뀌고, 사람의 삶이 '한탕'이 아니라 '수레바퀴'처럼 천천히, 그러나 확실하게 돌아가기 시작하는 것. 그 멈추지 않는 수레바퀴가 바로 가평군의 진짜경제다.

6부

살맛나는 대동세상의 꿈

2015년 자라섬재즈페스티벌 때 개최한 팜파티 주역들. 사용하지 않던 옥상공간을 팜파티 장소로 탄생시켜, 가평군의 농산물과 요리, 학생, 교사, 학부모, 농업인, 외국인 등이 어우러진 대동의 팜파티를 열었다.

인류 공멸로 가는 미필적 고의

2025년 9월 12일 칼럼

가평군은 올여름 큰 수재를 입었다. 7월 19~20일 쏟아진 극한 폭우에, 이곳저곳에서 산사태가 났고, 계곡과 하천이 범람해 큰 피해를 입었다. 한 생존 주민은 그 날밤 '물이 서서 가는 것을 봤다'며 공포의 순간을 전해주기도 했다. 다행히 나의 집과 마을은 무사했지만, 수재 지역 복구를 돕기 위해 현장에 가서 수재의 참상을 보면서, 인간이라는 종은 도대체 얼마나 더 참화를 겪어야 정신을 차릴까 하는 암담한 질문을 계속 되뇌지 않을 수 없었다.

이런 재앙은 아직 내게 닥치지 않았을 뿐이지 국경 불문하고, 산간과 도시 불문하고 연례행사처럼 닥치는 재앙이다. 그 재앙의 강도는 세지고, 빈도는 잦아지고 있다. 이런 현실 앞에서도 G2 국가인 미국과 중국은 화석연료 사용을 확대하는 추세고, 그나마 믿었던 EU도 지난 7월 초 당초 계획보다 사실상 완화된 기후 목표를 발표해 환경단체들의 우려를 자아냈다. 이런 모습들은 인류가 함께 죽을 수는 있어도 지는 것은 못 참는 죽음의 문명 속에서 살고 있음을 보여주는 증거다. 이런 죽음의 문명 속에서 K-Initiative를 주창하는 우리나라의 역할은 어떠해야 할까?

때마침 세계적으로 큰 성공을 거둔 '케이팝 데몬 헌터스'는 k-pop 그룹 '헌트릭스'가 어둠의 악령을 무찌르며 선한 영으로 가득찬 '혼문'의 세상을 만드는 K-Initiative의 모습을 보여줬다. 현실 속에서도 우리나라가 이런 모습을 보여줘야 하지 않겠는가 하는 나의 희망찬 기대에 찬물을 끼얹는 것이 바로 북극 항로 열풍이다.

북극 항로는 현재 약 4개월(7~10월) 정도 운항이 가능하며, 기술적 문제 등이 해결된다면 2030년경에는 연중 항해가 가능할 것이라고 한다. 그런데 그렇게 북극 항로가 열릴 정도로 지구 온도가 올라가면 우리는 안전할까? '극한', '괴물' 폭우를 넘는 파멸적 폭우가 쏟아지고, 감당하기 어려운 슈퍼태풍이 올 것으로 예측하는 학자도 있다. 미국 기후변화 연구기관인 클라이밋 센트럴(Climate Central)은 2030년경 부산항이 평균 해수면 보다 낮아져 물에 잠길 것이라고 예측하고 있는데, 바로 그 부산항을 북극 항로의 거점으로 만들겠다고 한다.

이재명 정부는 '북극 항로 시대 주도 K-해양강국'을 국정과제로 추진하고 있다. 외국의 주요 해운사들조차도 환경 보호를 이유로 북극 항로를 이용하지 않겠다고 나서는 판에 대한민국은 '북극 항로'의 나팔수로 나선 격이다. '케이팝 데몬 헌터스'에서 악령을 퍼뜨리는 '사자 보이즈'의 모습이 K-Initiative가 가고자 하는 모습인가? 어제(10일) 배포된 경기도의 보도자료에 따르면 경기도민의 89%가 '기후위기를 심각한 사회문제로 생각'하고, 90%가 '중앙정부와 지자체 차원의 적극적 대응이 필요하다'는데 공감했다고 한다. 지금 우리는 공멸의 길로 가고 있다.

이재명 대통령은 “반복된 산재 사망은 미필적 고의 살인”이라 하고, 자살을 “사회적 재난의 관점으로 패러다임 전환”해야 한다며 생명 중심의 리더십을 보여줘 국민의 큰 호응을 얻었다. 바로 그런 생명 중심 관점으로 기후위기에 대응해야 한다. 기후위기에 대해 무대응, 느린 대응 또는 온실가스 감축의 반대 방향으로 가는 정책은 인류 공멸로 가는 미필적 고의의 살인을 저지르는 것이다.

국민에게 우리 농(農) 지킬 의무는 없을까?

2025년 8월 26일 칼럼

폭우로 가평군에 수재가 나서 수재 복구 지원을 하다가 더위를 먹었는지 글 쓸 기력이 없었다. 그때 쓰려고 했던 글이 황대권 선생이 쓴 7월 19일 자 민들레 광장 칼럼 '국민개농(國民皆農)'의 뜻을 더 강조하고 넓히고자 하는 글이었다. 그 칼럼이 게재된 날 밤 폭우가 내렸고, 나는 눈 앞에 펼쳐진 산사태의 참상을 보며 참담함을 금치 못했다. 사실 그런 재앙은 아직 내게 닥치지 않았을 뿐이지 연례행사처럼 닥치는 일이다. 점점 더 세지고, 잦아지고 있다.

'인류는 이런 재앙적 삶을 어떻게 끝낼 수 있을까' 하는 문제의식 속에서 생태적 삶의 복원이 필요하다고 다시금 절감했다. 이때 '국민개농' 칼럼을 읽고 크게 공감해 그 후속편을 써보려 했다. 비록 한 달이 지났지만, 처서가 지나도 아직도 폭염을 견뎌야 하는 이 기후 재앙적 현실은 여전히 진행 중이기에 시의성은 여전하다고 생각해 이번 편에 지난번 못 쓴 글을 쓰는 것이다.

황대권 선생은 기후위기 해법으로 '국민개농'을 제안하며 그 이유를 아래와 같이 강조했다.

가평군 조종면 신상리 산사태 사진 (2025. 7. 20 뉴스1.https://www.news1.kr/photos/7402914)

"만약 우리가 현생 인류와 결별하고 싶지 않다면 대규모 공장식 농업이 아니라 소농 전략을 채택해야 한다. 소농 전략은 절대다수의 인구가 농사지어야 한다는 것을 의미한다. 인구 대부분이 도시에 사는 상황에서 불가능하다고 말할 것이다. 그럴지도 모른다. 그러나 눈앞에 전개되고 있는 기후 위기를 극복하면서 식량 안보를 지키기 위해 그 방법밖에 없다면 어찌하겠는가? 대규모 단작 농업에 의해 파괴된 지구 생태계를 되살리기 위해 그 방법밖에 없다면 어찌하겠는가? 도시 거주 인구 대부분이 농사를 모르거나 농사짓기를 거부하기 때문에 정부는 어쩔 수 없이 '국방의 의무' 처럼 '농사의 의무' 를 법에 규정하지 않을 수 없다."

기후위기와 그 뒤에 따라올 식량위기. 이 위기를 극복하기 위해 제기한 '농사의 의무' 까지는 아니더라도 농에 대한 올바른 이해와 실천을 '국민의 책무' 로 규정한 법이 있다. 바로 <식생활 교육지원법>이다.

> 제4조(국민의 책무) 국민은 가정, 학교, 지역, 그밖에 사회의 모든 분야에서 건전한 식생활 구현에 노력하여야 한다.

내가 이 조항을 발견하게 된 것은, 5년 전쯤 '공정귀촌' 이라는 말을 만들면서 어떻게 하면 전 국민이 생태적, 순환적 삶을 지향할 수 있을까 하는 방법을 찾을 때였다. 법에 과문한 탓인지는 모르겠으나 헌법이 부여한 국민의 4대 의무 외에 이렇게 분명하게 '국민의 책무' 를 규정한 법이 있다는 사실이 놀라웠다.

이 법은 '식생활' 을 '식품의 생산, 조리, 가공, 식사용구, 상차림, 식습관, 식사 예절, 식품의 선택과 소비 등 음식물의 섭취와 관련된 유 · 무형의 활동을 말한다.' 라고 정의하고 있으니, '식품의 생산' 에 해당하는 농산어촌의 노동활동도 포함된다. 이 농(農)의 영역까지 포함해서 '건전한 식생활 구현' 을 '국민의 책무' 로 규정하고 있으니 신선한 충격이었다. '국민의 책무' 에 따라 추진해야 할 식생활 교육의 방향은 이렇다.

> 제8조(식생활에 대한 감사와 이해) 식생활 교육은 국민이 영위하고 있는 식생활이 자연의 혜택과 식생활에 관여하는 모든 사람들의

노력으로 이루어지고 있다는 것을 인식하고 이에 감사하는 마음을 지닐 수 있도록 추진되어야 한다.

이 조항은 "음식을 대하면 반드시 천지에 고하여 그 은덕을 잊지 않는 것이 근본이 되느니라"며, 음식을 대할 때 반드시 천지에 감사하는 마음으로 고하라는 동학 2대 교주 해월 최시형 선생의 '식고(食告)'에 대한 말씀을 법조문으로 만든 것 같아 역시 놀라웠다. 내 멋대로 확대 해석을 한다면 위 조항은 해월 선생의 '사인여천(事人如天)'과 '경물(敬物)' 사상을 가르치고 배울 것을 의무화한 법 조항처럼 여겨졌다.

황대권 선생은 '국민개농'을 해야 하는 근거 중 하나를 이렇게 말했다.

"농사로 기후 위기를 극복할 수 있는가 하는 반론이 제기될 수 있다. 물론 전적으로 해결한다는 것은 거짓일 테지만 결정적으로 기여할 수 있는 건 사실이다. 왜냐하면 지구 생태계를 파괴하는 가장 큰 인자가 농업이기 때문이다. 지난 100년간 세계 인구를 먹여 살리기 위해 대규모 단작 농업에 의존한 결과 지구 생태계가 거덜 나고 말았다. 산림과 습지가 파괴되었고 이것은 야생동물 서식지 파괴와 생물다양성 감소, 토양 침식 등의 문제로 이어졌다. 석유와 화학 비료에 의존한 관행 농업은 수질 오염과 막대한 온실가스를 배출하고 있다. 한 연구에 의하면 전 세계 온실가스 배출량의 26~34%가 농식품 산업에서 발생한다고 한다."

그런데 <식생활교육 지원법>의 13조는 이렇다.

> 제13조(환경친화적인 식생활 실천) 식생활 교육은 식품의 생산부터 소비까지 일련의 과정에서 에너지와 자원의 사용을 줄이고 온실가스 및 오염물질의 배출을 최소화할 수 있는 환경친화적인 식생활이 이루어질 수 있도록 추진되어야 한다.

이 법에 충실하려면 우리나라의 농부들은 '대규모 단작 농업'이 아닌 '소규모 다품종 농업'을 하도록 교육받아야 하고, 소비자들은 탄소발자국을 많이 남기는 수입 농산물이 아닌 지역농산물 적어도 국내 농산물을 소비하는 식생활 교육을 받고 실천해야 했다. 설령 '국민개농'을 하지 않더라도 적어도 국민개농을 통해 이루려 하는 저탄소 배출, 친환경 농업을 장려하고 친환경 식생활을 실천할 의무가 우리 국민에게 있는 것이다. 자연과 모든 사람들의 노고와 정성이 깃든 식량을 "반도체, 자동차 팔아서 번 돈으로 수입하면 된다"는 식의 어이없는 발언은 상상할 수 없는 문화가 만들어졌을 것이다.

'국민'인 독자 여러분은 위 법이 규정하는대로 '건전한 식생활'을 위해 '모든 분야에서 노력'하라는 '국민의 책무'를 성실히 수행하고 있는지 궁금하다. 예를 들어 우리 농산물이 건전하게 생산될 수 있도록, 그런 생산물이 건전하게 소비될 수 있도록 소비자로서 노력하고 있다고 자부할 수 있는지, 농산물이 자연의 혜택이라는 점을 인식하도록 하는 교육, 온실가스와 오염물질이 덜 배출된 식재료를 고를 수 있는 교육을 받았다고 자신 있게 얘기할 수 있는지 궁금하다.

서울에서 나고 자라 40여 년을 지내는 동안 나는 그런 노력을 하지 않았고, 그런 교육을 받은 기억이 없다. "쌀 한 톨도 아껴라"던 어른들의 말씀은 굶주렸던 시절 한 맺힌 배고픔에 대한 경계로 비쳤지, 그것이 천지부모가 주신 은혜에 대한 공경의 뜻으로 여겨지지 않았다. 귀촌하고 수년이 지나 농사를 조금이라도 짓게 되면서 비로소 식농교육의 중요성을 깨닫게 되었지, <식생활교육 지원법」>의 덕으로 알게 된 것은 아니니 2009년에 입법된 이 법은 지난 16년 동안 도대체 무슨 역할을 했는지 궁금했다.

마침, 올해는 5년마다 수립하는 <식생활 교육 기본계획>의 4차 계획(2025년~2029년)을 새로 수립하는 해였다. 계획서를 살펴보니 궁금증을 풀 단초가 조금 보였다. 정부는 지난 3차 계획 기간(2020년~2024년)의 4대 주요 과제로 '①사람 중심 맞춤형 교육, ②농업과 환경의 공익적 가치 확산, ③지역의 자원을 활용한 교육, ④지속가능한 식생활 실천 기반 강화'를 추진했다. 내 생각에는 입법한 해부터 주요 과제가 되었어야 할 주제들이 입법 10년이 지나서도 추진과제로 돼있다는 점에서 '기본계획'의 신뢰성을 떨어뜨리고 있었다. 여하튼 각각 과제들의 추진 상황을 살펴봤다.

'①사람 중심 맞춤형 교육'으로 미래세대 식생활 교육을 지원했는데, 그 수가 2024년의 경우 어린이집, 유치원 교육 80,228명, 초·중·고 교육이 42,896명이다. 2024년 어린이집, 유치원생 수가 약 140만 명, 초·중·고 생이 약 513만 명이다. 즉 어린이집, 유치원생의 약 5.7%, 초.중생의 0.8%의 식생활 교육을 지원했다는 얘기다.

'②농업과 환경의 공익적 가치 확산'과 관련해서는 농촌체험휴양마을, 농촌교육농장, 텃밭 등을 지원, 관리하며 대국민 인식 제고를 했는데 스스로 판단하길 "대다수 교육이 일회성에 그쳐, 실천력 향상에는 한계"라고 평가하고 있다.

'③지역의 자원을 활용한 교육' 관련, 역시 자체 평가에서 '지역 자원을 활용한 교육 기반과 지역 사회 내 다양한 교육 수요 간 실질적인 연계는 부족한 상황' '지역 내 교육 수요 발굴을 위한 교육 주체 간 협력 체계가 미비하고, 권역별로 활용가능한 교육 공간·강사 인력 등의 체계적인 DB 부재'로 한계를 밝혔다.

'④지속가능한 식생활 실천 기반 강화' 관련해서는, 교육 콘텐츠, 온라인 플랫폼, 표준 교재 개발 등의 사업을 했는데, 그 평가는 '교육 콘텐츠가 실제 교육이 필요한 현장으로 확산되지 못하였으며, 온라인 플랫폼의 역할도 단순 자료 게재에 그쳐 활용도 저조' '전문인력의 체계적인 양성·관리를 위한 제도의 부재로 역량 강화를 위한 교육이 비정기적·산발적으로 운영 중'이라며 솔직하게 문제점을 밝히고 있었다. 이 자료에 따르면 2024년 성인의 식생활 관련 교육 및 체험 경험률은 5.6%로 조사됐다. 내가 식생활교육 지원법의 혜택을 받지 못한 것은 이 5.6%에 들지 못한 이유였다.

상황이 이러니 '국민의 책무' 운운하기 너무 부끄럽다. 전 국민을 모두 불법자로 만드는 악법이요, 있으나 마나 한 대표적 법이 <식생활 교육 지원법>이라고 해도 틀린 말이 아닐 것 같다. 아이들은 편의점에서 온갖 화학성분이 들어간 인스턴트 가공식품에 무방비로 노출되고,

그렇게 도시의 가공식품 세상에서 자란 아이들은 이후 어른이 돼 생명의 땅인 농지에 온갖 가공물을 세우고, 버리는 것에 조금도 주저함이 없는 것이 아니겠는가. 그런 어른들이 만드는 농업 정책이 과연 현장에 착근(着根)할 수 있을까, 만들어진 식생활 문화가 우리의 농(農)을 살릴 수 있겠는가 말이다.

우리의 흔한 인사이자 때로는 콧등을 시큰하게 만드는 인사말이 "밥 먹었니?"라는 인사다. 그 밥 인사는 단순히 끼니를 챙겨주는 것 이상의 위안을 준다. '세상 무슨 일이 있었어도, 너에게 무슨 일이 생겼어도, 너는 살아야 하고 네가 사는 것을 내가 도와줄게'와 같은 뜻으로 여겨지기 때문이다. 타인의 '살림'을 위한 나의 '모심'의 뜻을 담은 공생의 의지가 "밥 먹었니?"라는 인사말 속에 담겨 있기 때문이다. 그런데 그 밥은 누군가를 살리기 위해 자연과 수많은 이들의 도움으로 만들어진 것이니 그 밥 한 그릇은 세상 생명의 기운들을 연결해주는 매개체이기도 한 것이다.

그래서 해월 선생이 "세상의 모든 이치가 밥 한 그릇에 담겨 있다(만사지식일완 萬事知食一碗)"라고 말씀하셨나 보다. 〈식생활교육지원법〉이 명실상부하게 지켜져서 온 국민이 밥 한 그릇에서 세상 모든 이치를 깨닫는 '국민개농'의 시대를 향해 가기를 바란다.

AI시대 인간다움을 지키는 방법

2025년 11월 24일 칼럼

가을에 농작물 수확하고 나면 줄기, 잎, 뿌리와 같은 부산물들이 생긴다. 흔히 '영농부산물'이라고 부르는데 그 양이 적지 않다. 예전에는 이 부산물을 태우곤 했지만 지금은 불법이다. 밭의 해충을 없앤다는 주장도 근거가 없고, 산불로 이어지기도 하기 때문이다. 나는 이 영농부산물을 퇴비장에서 삭혀서 다음 해 퇴비로 사용한다. 처음 퇴비장에 부산물을 갖다 놓을 때는 이 산더미 같은 풀들이 줄어들기나 할건지, 정말 퇴비가 될지 의문스러웠지만, 시간이 흐른 뒤 보슬보슬한 흙처럼 변하는 풀들을 보며 자연의 순환에 경이로움을 느꼈다.

퇴비장에 영농부산물만 갖다 놓는 것은 아니다. 쌀 씻고 나온 쌀뜨물을 가져다 붓고, 먹다 남은 막걸리도 붓고, 음식물 쓰레기 1차 발효시킨 것도 붓고, 가끔 모아놓은 소변도 붓고, 농업기술센터에서 미생물 액을 받아 와 붓기도 하니, 내가 모르는 신비한 역사가 퇴비장 안에서 일어났다. 잔뜩 쌓여있던 영농부산물들이 거무스름한 흙으로 변한 것이다.

흙 속에는 지렁이와 장수풍뎅이 애벌레가 한가득이고 이름을 알 수 없는 곤충들도 눈에 많이 띈다. 눈에 보이지 않는 미생물도 물론 많을 것이다. 그 각종 미생물과 곤충 등 생명체들이 어떤 상호작용을 해서 이런 결과물을 만들었는지 나는 잘 모른다. 현대과학도 잘 모를 것 같다. 미생물과 곤충의 세상은 아직 미지의 영역이 많다.

출처 : https://ufees.net

검색 사이트에서 위와 같은 두 종류의 사진이 earth's inhabitants라는 똑같은 이름으로 검색된다.

위 그림에서 지구를 가득 메우고 있는 사람들이 오른쪽 그림에서는 몇 %나 될까? '지구의 거주자(earth's inhabitants)' 중 Insects(곤충)가 52%로 가장 많고, 그 외 무척추동물이 19%, 식물이 16%, 버섯, 균, 이끼류가 6%, 규조류(Diatom), 박테리아, 바이러스 등이 3%, 척색동물(Chordates) 3%가 지구에 살고 있다. 척추동물을 포함하는 척색동물의 종류 수가 약 7천 종이라고 하니 현세의 인간종은 척색동물 중에서도 7천분의 1을 차지하는 종에 불과하다. 가장 많은 비율로 살고 있는 곤충의 개체수가 약 100경이라고 한다.

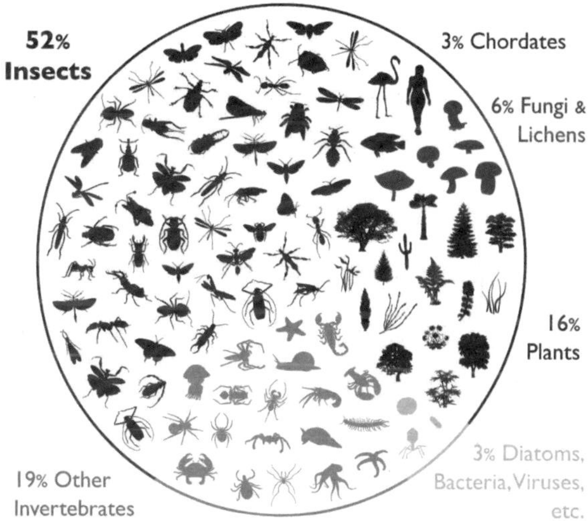

출처 : https://artthescience.com/magazine/2019/09/08/creators-cara-gibson

인류를 80억이라고 치면 100경(10^{18}) ÷ 80억 = 125,000,000으로, 곤충은 인간보다 무려 1억 2천 5백만 배 더 많이 지구에 생명체로 살고 있다. 지구에 살고 있는 생명체들의 비율로만 보면 지구의 주인은 곤충이다. 무척추동물을 포함해 71%다. 이 생명체들이 지구상에서 어떤 관계를 맺으며, 서로 어떤 영향을 주고받으며 생태계의 평화를 유지하며 살고 있는지 우리는 모른다. 인간은 0.1%에도 못 미칠 지구 거주자로서 '만물의 영장'을 자칭하며, 인간 중심의 세계관 속에서

99%가 넘는 비인간 존재들의 삶의 영역을 마음껏 유린하며 살아왔다. 몇 해 전 우리가 혹독하게 겪었던 코로나19 사태는 우리가 생명체를 무시하며 생태계의 평화를 깨뜨려 버려서 생긴 결과다. 그들의 서식지를 인간은 무도하게 침범하고 파헤치고 그곳의 생명체들을 죽여버렸다. 그 생명체들의 역공이 이제 더 자주, 더 심각하게 인류를 죽일 것이다. 더 센 놈이 올 것이라고도 한다.

개별 생명체가 아닌 생명체 총체로서 지구도 생태계의 평화를 깨는 인류의 파멸을 경고하고 있다. 기후재앙이라는 이름으로 숱하게 울려대는 멸종의 경고음을 인간은 그냥 함께 살아갈 수밖에 없는 거리의 소음 정도로 여기고 있는 것 같다. 우리를 둘러싸고 있는 숱한 생명체들에 대한 앎과 존중 없이 인간의 안전은 보장되기 어려움에도 불구하고, 그 생명들을 알아채는 감수성은 점점 무뎌지고 있다.

극소수의 인간이 대다수의 비인간을 약탈하면서도 무감각해진 무도한 인간성은, 인간 사회 속에서도 극소수의 인간이 대다수의 인간을 약탈하는 부익부 빈익빈 세상을 더 심화 확대시키고 있다. 이 무도함과 AI의 만남이 만들 끔찍한 세상 앞에서 인간은 어떻게 '인간다움'을 지킬지 전전긍긍하고 있다.

그런데 그 지키고자 하는 '인간다움'이 고작 지금까지 다른 생명체를 업신여겨왔던 '인간다움'에 그친다면 어떤 긍정적 변화도 만들어 내지 못할 것이다. 독자분들에게 묻는다. 여러분은 언제 생명 존중의 감성이 생겨나고 함양되고 있다고 느끼는가?

자세히 보아야 예쁘다
오래 보아야 사랑스럽다
너도 그렇다

– 나태주 〈풀꽃〉

사랑하면 알게 되고 알면 보이나니 그때 보이는 것은 전과 같지 않으리라

– 유흥준 〈나의 문화유산 답사기1〉 서문 중에서

"우리는 어떻게 '생명'을 존중하는 마음을 갖게 될까?"라는 질문을 내 자신에게 묻다가 평소 좋아하던 시와 문장이 동시에 떠올랐다. 위 시와 문장을 연결지어 생각해보면, 생명체를 자세히 보고 오래 봐서 사랑하게 되면 그 생명체가 전과 같지 않게 보이게 된다. 그 숱한 생명체를 자세히 오래 볼 수 있는 삶이 바로 농사를 짓는 삶이다.

서울에서 나고 자라 귀촌한 내가 생명체에 대한 관심과 애정을 갖게 된 것도 농사를 짓고 부터였다. 흙을 만지며 그 속에 숱한 생명체들을 보면서, 그 신비스러움을 보고, 만지고, 맡고, 듣고, 느끼며 생명체에 대한 경외심을 갖게 되었고, 인간 중심의 사고가 얼마나 교만하고 위험한 사고인지 깨닫게 되었다.

숱한 생명체들의 공존과 순환을 보며 자연스럽게 평화로운 세상의 형성을 경험하게 되었다. 농사는 하늘과 땅과 사람이 함께 짓는다는 말을 몸으로 느끼며 이전과 다르게 생명체를 대하게 됐다. 산업사회 컨베이어 벨트 위에서 속도의 노예로 살 때는 경험하지 못한 삶이다.

이런 체험의 확장은 꽃을 보고 씨앗을 받으며 농사짓는 토종씨앗 농사와 마을공동체 활동에 힘을 북돋워 주는 원천이 되었다. 그리고 기후재앙을 예전과 다른 고통의 무게로 느끼게 되었다.

도시 아파트 베란다에 텃밭 상자를 들여놓고, 아파트 단지에 정원텃밭을 만들고, 학교에도 텃밭을 만들어, 작게라도 농사를 짓고 농사일을 중심으로 서로 정보를 교환하고 수확물을 함께 먹고 나누는 작은 공동체가 도시에서도 많이 생겨나길 바란다. 이런 삶이 가공할 만큼 일 처리 속도의 편익을 제공하는 AI시대에 그나마 속도의 감옥에서 벗어날 유일한 탈출구가 될 것으로 생각한다. 인공의 도시에서 인공지능에게 지배당하지 않을 인간다움을 지킬 유일한 방법이라고 생각한다.

'마을살림 운동'의 꿈

2025년 4월 30일 칼럼

몇 년 전 일이다. "파근파근하니 아주 맛있어." 처와 함께 가평길쭉이 감자 종자를 구하러 찾아 뵌 할머니의 말이다. '파근파근'? 처음 듣는 단어였다. 집에 와서 단어 뜻을 찾아봤다. 사전에 있는 말이었다. "보드랍고 조금 팍팍하다"가 그 뜻이다. 감자 종자를 준 할머니는 씹는 맛이 좋아서 깍두기처럼 요리해서 드신다고도 했다. 그 맛 때문에 할머니는 이 길쭉이 감자를 계속 기르고 계셨다. 그때 알았다. 토종 씨앗 작물은 맛을 표현하는 다양한 순우리말이 있었겠구나, 앞으로 그 토종 작물이 사라지게 되면 함께 사라질 정겨운 순우리말이 있겠구나 하는 사실을. 이처럼 토종씨앗은 소중한 식량자원인 동시에 소중한 문화유산이다.

받아온 씨감자로 수확한 새 감자를 다음 해 심기 위해 보관했는데 그만 잘못 보관해서 썩히고 말았다. 종자 노릇을 못 하게 된 것이다. 그래서 할머니를 다시 찾아갔다. 할머니는 같이 농사를 짓던 할아버지의 건강이 안 좋아져서 이제는 더 이상 감자 농사를 짓기 어려울 것 같다며 당신 드실 것을 남겨놓고는 좋은 씨감자를 죄다 골라 주셨다. 이렇게 우리 부부는 가평길쭉이 감자를 이어 기르는 중책을 맡게 되었다.

처와 나는 토종씨앗을 수집, 나눔, 증식하는 등의 활동을 하는 <(사)토종씨드림>의 회원이고, 처는 가평군 지회 격인 <가평토종씨드림>의 대표다. 내 처는 2020년 가평군 토종씨앗 조사를 했다. 2013년 <토종씨드림>이 가평군을 돌며 조사했던 자료를 토대로 토종씨앗 농사의 현황을 파악하기 위해서였다. 그런데 7년이 지나는 사이 토종씨앗 농사를 짓는 농가 수가 현저히 줄었다. 2013년 조사됐던 64개 농가 중 50개 농가를 조사한 결과 12개 농가 정도가 씨앗을 받아서 농사를 하고 있었다.

종자를 보급 종자로 바꾸라는 과거 농촌지도소의 윽박에도, 더 많이 수확되는 종자라는 종묘상이나 주변 농부들의 유혹에도 꿋꿋이 토종씨앗을 지켜온 농부의 고집도 나이 앞에서는 꺾일 수밖에 없었다. 비록 그 종자들을 <(사)토종씨드림>에 보내 종자 보존은 되고 있으나 우리의 살아있는 농경문화로서는 맥이 끊어질 위기에 처한 것이다.

하긴 토종씨앗 농사뿐만 아니다. 통계청이 지난 17일 발표한 '2024년 농림어업조사' 자료를 보면 일반 농사를 짓는 농부도, 어업, 임업을 하는 농림어업 종사 가구도 그동안의 우려와 대책에도 불구하고 소멸 위기가 더욱 심화되고 있다.

농·림·어가의 고령인구 비율은 모두 50%를 넘었다. 2024년 우리나라 고령인구 비율이 19.2%인 것에 비하면 농림어업 종사 가구의 고령인구 비율은 약 3배 정도 높다. 농가의 경우, 경영주 연령은 70세 이상이 전체 농가의 50.8%다. 70세 이상 노인이 우리 농사의 주력군이다. 내가 사는 마을에서도 벌어지는 일이다. 올봄 퇴비 신청을 받기 위해 농가를 방문했다. 신청서 작성을 도와드리는데 마을 어르신이 나보고 벼농사를 대신 지어달라고 제안하셨다. 초보 농부에게 무슨 소리냐 싶었지만, 어차피 힘든 일 다 용역 쓰고 있으니 나는 관리만 해 달라는 것이었다. 자식들은 다 도시에 나가있고, 다시 돌아와 농사 지을 것도 아니며, 농사를 짓게 하고 싶지도 않으니, 마을에 살겠다고 하는 나에게 그 일을 맡기시려는 것이었다. 물론 소출량에서 일정량을 내게 주겠다고 하셨다.

예기치 않게 내 노후 일자리가 생기는가 해서 쓴웃음을 짓기도 했다. 농사만 지어서 살 수 없으니 어쩔 수 없는 선택일 것이다. 전업(專業) 농가 수가 점점 줄어들고 있는 것이 그 증거다.

전체 농가의 55.7%가 전업 농가, 44.3%가 겸업 농가다. 겸업 농가 비율이 늘고 있다. 농촌에서 투잡, 쓰리잡을 뛰어야 먹고 살 수 있는데, 고령의 농부가 그렇게 하며 살 수는 없는 노릇이다. 흔히 이웃에 누가 사는지도 모르는 도시의 아파트 문화를 농촌의 공동체 문화와 비교하기도 하지만 이미 농촌 마을도 투잡, 쓰리잡을 위해 출퇴근하는 이들이 많아서 마을 회의를 열기도 쉽지 않고, 모이는 주민도 농사 짓는 고령인들이 대부분이다. 고령화, 과소화, 저소득의 3중고로 촌의 소멸과 함께 촌의 공동체 문화도 사라지고 있다.

송미령 농림축산식품부 장관이 한국농촌경제연구원 시절 이런 사실들을 오랫동안 연구하고 의미 있는 대안들을 발표했던 터라 장관 취임으로 뭔가 변화가 있을까 기대를 하기도 했지만, 취임한 지 1년이 넘도록 뭔가 혁신적인 정책이 추진됐다는 소식을 듣지 못했다.

이번 대선에서 정권 교체가 되고 새 정부가 들어서면 어떤 농정이 펼쳐질까 기대하면서 그동안 마을활동가로 지내며 갖게 된 내 생각을 제안해 본다.

과거 농업 등 1차산업이 마을 주민 전체의 공통 직업이었을 때, 즉 농경사회 때는 생산공간과 생활공간이 일치했다. 같이 농사지으며 일하고, 먹고, 놀고 하는 생활을 공유하며 공동체 문화를 만들어냈다. 특별히 태어나면서부터 공동체 유전자가 있어서 공동체 문화가 생겨났다기보다는 같은 생활공간에서 공동의 생산을 했기에 공동체 문화가 생겨났다는 것이 내 생각이다.

그러나 지금의 촌은 그렇지 않다. 1차산업에 전업하는 주민은 마을 주민 중 일부이며 고령화됐고, 같은 마을 주민이라도 출퇴근 주민, 소상공인, 그리고 마을과 거의 아무런 관계도 맺지 않고 살고 있는 귀촌인들이 각자의 생활을 영위하고 있다. 생활공간이지만 공동의 생산공간 역할을 하지 못하고 있다. 그렇다면 농촌의 생태적 공간, 경관 자원을 유지하면서, 농사를 짓지 않으면서도 생활공간과 생산공간의 일체성을 만들 사업을 만들어내야 한다. 그리고 생활과 생산을 연결해 운영할 주체를 만들어내야 한다. 그런 일자리를 무엇으로, 어떻게 만들 수 있을까?

먼저 농·산·어촌 관계망과 공동체 일자리의 가능성을 살펴보자. 다음 그림에서 보듯 농·산·어촌을 둘러싸고 있는 시장, 행정, 공동체는 고령화, 과소화라는 시기를 거치면서, 시장 철수, 행정 공백, 공동

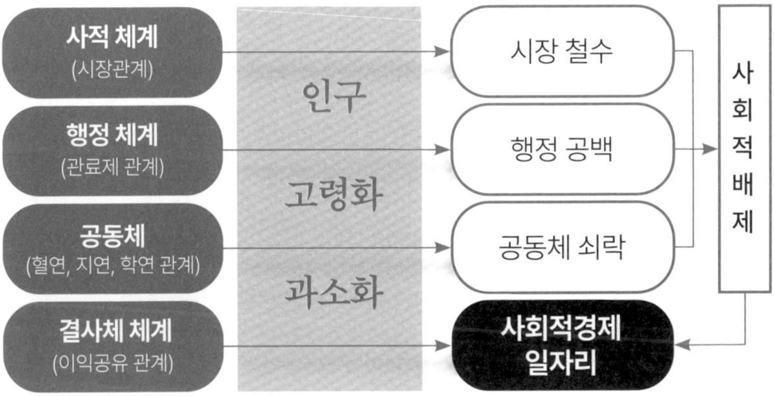

<농촌 지역공동체의 재조직과 귀농·귀촌 : 사회자본론의 관점에서(김정섭)> 참고해 재작성

체 쇠락 등으로 인해 다양한 사회적 배제가 발생한다. 시장 철수로 각종 식당, 상점, 목욕탕, 병원 등 폐업과 버스 운행 중단 등 서비스가 중단되고, 재정 부족, 고령자와 소통 및 이동의 어려움 등으로 복지 행정의 사각지대가 발생하고, 지연, 혈연, 학연 관계망의 해체로 시장과 행정으로 확보하지 못한 사회서비스를 대체하지도 못하는 것이다. 이에 따라 헌법이 보장하는 기본권, 행복추구권을 침해할 정도로 사회적 배제 상황이 발생하고 있다. 이러한 사회적 배제 상황은 역설적으로 다양한 사회적 일거리를 만들어내게 된다. 그 다양한 일거리를 지속가능한 일자리로 만들어내는 것이 내가 마을활동가로서 평소 하는 고민이다.

그 일거리를 일자리로 어떻게 만들 것인가? 바로 위 그림에서 보듯 그나마 공동체가 형성될 수 있는 사회적 관계망이 이익 공유 관계다. 이 관계망을 통해 사회적 배제의 일거리를 사회적 일자리로 만드는 사회적경제 일자리가 지금 소멸해 가는 농산어촌에서 생활공간과 생산공간의 일체성을 만들 수 있다고 본다. 여기서 간과할 수 없는 것이 그 사회적 일자리가 큰 잉여가치를 만들어내서 부를 축적하는 사업이 되기는 쉽지 않다는 것이다. 정부 보조금 지원 없이 지역 내에서 사회적 배제로 인한 서비스 공백을 채워 지속가능한 일자리를 만들어내는 것만으로도 성공적이라고 나는 생각한다. 특히 점점 늘어나는 돌봄 서비스를 주민 스스로 해결할 수 있다면 매우 바람직할 것이다.

그렇다면 어떤 사업이 가능할까? 오늘날 농·산·어촌 모습을 만드는데 큰 영향을 미쳤던 과거의 새마을운동과 비교하여 아래와 같이 표를 만들어 다음과 같은 구상을 해봤다. 그리고 새로운 제안을 '마을 살림 운동' 이라고 이름 붙였다.

새마을 운동	마을살림 운동	기대효과
초가 지붕 개량	1. 태양광 지붕 개량	햇빛연금으로 마을 기금 마련
주택 개량	2. 바이오차biochar) 주택	탄소 포집. 친환경적 단열 주택 개량
마을 안길 확대 및 포장	3. 마을안길 포함된 사유지 공공 보상	보상금으로 마을 기금 마련. 사유지 분쟁으로 인한 공동체 파괴 예방
농기계 등 보급	4. 웨어러블 로봇 및 바이오차 자재 사용	고령인의 신체 노동 참여 및 노령장애 극복. 농축업 탄소 배출 및 쓰레기 저감
전통문화 파괴	5. 전통문화 복원	전통적 공동체 문화 복원 및 거주민 주도의 풍류문화 형성 지원
새마을지도자 양성	6. 사회적경제 지도자 양성	귀향, 귀촌인의 사회적경제 사업 주도 견인
국가 주도	7. 사회적경제 주도	위 사업 추진할 사회적경제 모델 창출로 공동체 문화 형성 토대 구축
빈곤 탈출	8. '오래된 미래' 복원	순환, 협력, 자립, 풍류의 공동체 문화 복원

항목마다 설명할 내용이 적지 않다. 좀 더 구체화하고 발전시킬 부분도 있을 것이다. 일단 제안 중 몇 가지만 보충설명하겠다.

가장 중요한 것은 8번 기대효과의 '순환', '협력', '자립', '풍류'의 네 가지 원칙을 지켜내는 것이다. 일반적인 사업계획서로 얘기한다면 '마을살림 운동' 비전은 '순환, 협력, 자립, 풍류의 공동체 문화 복원'이다.

3번 ' 마을길 포함된 사유지 공공 보상' 관련, 우리가 농촌에 가면 다니는 마을 안길은 대부분 옛날에 지게 지고 다니던 길을 농기계 장비가 다닐 수 있도록 넓힌 것이다. 이때 도로에 포함된 논밭은 마을 주민의 사유지다. 당시는 논물을 같이 쓰고 마을 공동 장비를 사용하면서, 내것 네것 없이 같이 지내고, 평생 얼굴 보고 지낼 사람들이니 그런 결정이 가능했겠지만, 지금은 그렇지 않다. 그 결정을 한 당사자들이 돌아가셨거나 해당 논밭을 다른 사람에게 판 이후에는 상황이 달라진다. 그런데 모두가 이용하는 그 도로의 땅은 여전히 사유지다. 그래서 요즘도 '전입 주민이 마을 길을 막았다'는 뉴스를 종종 보게 되는 것이다.

나는 이 마을 안길의 사유지를 국가가 매입해야 한다고 본다. 마을 공공용지에 조금의 공유부지만 침범해도 점용료를 마을에서 꼬박꼬박 받아내는 정부가 공공용으로 사용되는 마을 안길의 사유지에 대해 보상하지 않는 것은 문제가 크다. 그동안 서울과 도시에 예산을 집중하면서 국가나 지방행정이 책임져야 했을 비용을 힘없는 민초들의 부담으로 전가하고 아직도 복원하지 않은 것이다. 앞으로 귀향, 귀촌인이 늘어난다면 전입 주민과 선주민 간의 불필요한 분쟁을 없애기 위해서라도 꼭 필요한 조치이기도 하다.

마을 안길 도로 비용을 보전해 주면서, 마을별로 안길 만들었을 때의 공동체 정신을 살려 비용 일부를 마을기금으로 해서 마을경제의 자립을 도와야 한다. 마찬가지로 1번 태양광 지붕을 이용한 태양광 발전 사업으로 생기는 수익을 마을기금으로 만들기를 제안한다.

태양광과 바이오차를 통한 친환경 순환경제, 자신들의 이익과 공동의 이익이 함께하는 공동사업을 위한 협력, 마을기금을 통한 경제적 자립마을 조성, 그 기반 위에서 만들어지는 우리 국민 고유의 흥과 멋이 만들어내는 풍류가 어우러지는, 그래서 소멸 위기의 마을을 살리는 '마을살림 운동'이 꼭 필요하다.

이번 대선을 통해 들어서게 될 민주정부는 이런 마을을 만드는데 국가적 계획을 추진하고, 이 흐름에 동의하고 함께하려는 도시민들은 귀향, 귀촌을 해서 촌에 필요한 역량을 채워주길 기대한다. 과거 산업화·도시화 시기 '무작정 상경'이 있었다면, 이제 생태, 지방자치 시기를 맞아 '마을살림 운동'을 해내기 위한 '공정귀촌'의 큰바람이 불기를 기대한다.

기후재앙의 시대, 가평군이라는 '노아의 방주'

나는 자주 묻는다. 국가는 무엇을 위해 존재하는가? 내가 생각하는 훌륭한 국가는 영토가 넓거나, 무력이 강하거나, 경제력이 큰 국가가 아니라 가장 약한 자의 울음소리에 함께 아파해주는 국가다.

어진 임금이 흉년에 곡기를 끊으며 백성의 굶주림을 아파했듯이, 현대의 정치 지도자는 '돈이 없어서'라는 이유로 존엄이 무너지는 국민 앞에 무릎을 꿇고 통곡할 줄 알아야 한다.

대한민국은 의로움으로 태어난 민주공화국이다. 맨손으로 총,칼에 맞선 의병(義兵), 의민(義民)이 있어서 세워진 나라다. 그 의로움의 뿌리에는 모든 생명을 존중하며 평화롭게 살기를 바랐던 우리 풀뿌리 민초들의 혼이 있다.

평화가 깨지면 생명의 위협을 받는 가장 약한 민초의 눈물을 닦아주는 것은 의롭게 태어난 대한민국의 정치가 해야 할 숙명적 의무다.

나는 이 의무를 시장의 영역으로, 가정의 담장 안으로 밀어 넣는 것에 반대한다. 그것이 내가 생각하는 공화국의 정신이고, 정치의 존재 이유다. 나는 가평군에서부터 대한민국 정치의 좌표를 다시 찍고 싶다. 성장률 숫자 놀음이 아니라, 생명과 평화와 공동체를 얼마나 정성껏 모시는지가 그 나라의 국격임을 증명해 보이고 싶다.

우리는 지금 '멸종'을 걱정해야 하는 기후재앙의 시대를 살고 있다. '성장해라, 소비해라, 개발해라'라는 지난 세기의 문법은 인류 종말을 앞당길 뿐이다. 인간이 자연을 정복의 대상으로 삼았던 오만함이 지금의 폭염과 홍수, 바이러스를 불렀다. 이제 우리는 패러다임을 완전히 바꿔야 한다. 인간 중심에서 생태 중심으로, 개발에서 순환으로, 대결에서 평화로.

나는 경기북부, 특히 가평군이 그 거대한 전환의 최전선이 되어야 한다고 믿는다. 한강의 물을 지키고 숲을 보존해 온 가평의 역사를 규제 때문에 희생당한 '낙후의 역사'로 여길 것이 아니라, 미래 희망의 역사를 써나 갈 기운을 축적해 온 '충전의 역사'로 여기자.

우리가 만드는 '대순환(Great Circulation)'은 단순히 돈이 도는 경제 모델이 아니다. 햇빛을 거두어 에너지를 만들고(탄소 제로), 끊어진 삶의 고리들을 잇고 다시 살려내며(순환 경제), 남과 북이 대치하는 접경지역을 생명과 평화의 기운으로 충만케 하는(생태 평화) 새로운 문명에 대한 설계도다.

모두가 침몰하는 배 위에서 더 높은 객실을 차지하려 싸울 때, 가평군은 생명을 태우고 거친 파도를 넘는 '노아의 방주'가 되려 한다. 이것은 몽상이 아니다. 생존을 위한 가장 절박하고도 현실적인 전략이다.

맴맴맴 송아지 풀밭에서 자라고

꿀꿀꿀 꿀돼지 우리에서 자란다

새근새근 아가는 엄마 품에 자란다

쭐쭐쭐 젖 먹고 잘도 자란다

모두모두 자란다 쉬지 않고 자란다

모두모두 자란다 우리 살림이 자란다